听古代考霸一声吼

急脚大师 著

时代文艺出版社

SHIDAI WENYI CHUBANSHE

图书在版编目（CIP）数据

听古代考霸一声吼 / 急脚大师著. -- 长春：时代
文艺出版社, 2023.10
ISBN 978-7-5387-7237-1

Ⅰ.①听… Ⅱ.①急… Ⅲ.①科举考试－历史人物－
生平事迹－中国－古代 Ⅳ.①K820.2

中国国家版本馆CIP数据核字(2023)第190213号

听古代考霸一声吼
TING GUDAI KAOBA YI SHENG HOU

急脚大师　著

出 品 人：吴　刚
责任编辑：孟宇婷
封面设计：青空工作室
排版制作：胡玉冰　末末美书

出版发行：时代文艺出版社
地　　址：长春市福祉大路5788号　龙腾国际大厦A座15层　（130118）
电　　话：0431-81629751（总编办）　0431-81629758（发行部）
官方微博：weibo.com/tlapress
开　　本：880mm×1230mm　1/32
字　　数：190千字
印　　张：8.25
印　　刷：唐山富达印务有限公司
版　　次：2023年10月第1版
印　　次：2023年10月第1次印刷
定　　价：56.00元

图书如有印装错误　请寄回印厂调换

前言

　　隋唐以前，没有科举考试制度，人才的选拔只能靠官员们的推荐（比如察举制），这种制度在雄才大略的帝王手中是发现人才的好手段，但是到了懦弱无能的帝王手中就成了人才晋升的大障碍。

　　从东汉末期开始，推荐人才的权力逐渐掌握在了大家族的手中。他们世代为官，相互举荐，今天商量好了你选我家儿子，明天计划好了我推你家孙子，人才推荐成了贵族圈子内的游戏。

　　这些家族长期盘踞在各个地方，有钱有权有地还有人，逐渐成了一个个名门望族。

　　在那时，豪门望族的人在朝廷中始终居于高位，掌握了人才推举权与评价权，他们的门生故吏又遍布天下，形成了牢不可破的关系网。只要"你家是豪门"，资质再平庸都能优先挑选权力大、待遇好的官职。

这些世代为官的家族以门阀自称，形成了特殊的权力集团，叫作"士族"或"世族"。他们家世显赫，背景强大，在地方拥有财产与土地，在朝廷拥有实权与地位，能够左右朝政甚至皇帝的选免。

皇帝想要干点儿事，根本推不动。人家门阀士族掌握实权，想理你就"嗯哼"一声，不想理你手都懒得伸，还给你一个鄙视的眼神和受挫的经历。

门第较低、家世不显的家族则被称为"寒门"或"庶族"，即使拥有土地与财产、才艺和美德，也只能处于鄙视链的底端。而那些连寒门都称不上的普通百姓就如同"臭鞋垫"，终生被人踩在脚下。

高级士族与低级士族之间、低级士族与寒门之间、寒门与劳动人民之间形成了等级鲜明的层层鄙视链。一级看不上二级，二级看不上三级，北方士族看不上南方士族，司马氏看不上王氏，王氏看不上崔氏……

人才无法跨阶层流动，整个王朝的官场犹如一潭死水。

士族不想做事也不必做事，主动"躺平"！寒门想做事却没有舞台，被动"躺平"！到了两晋，一个人人"躺平"的朝代便形成了。等级森严，战乱不断，加上人生短暂，因此，两晋出现了很多狂人，人家压抑啊！才华再高，也没人提拔你，你说你会不会疯，会不会狂？

没有考试，文人们很郁闷，拿着文凭，却找不到任何就业机会，那我读书干吗？皇帝们也很郁闷，坐着龙椅，却要听豪门大族的话，那我当皇帝干吗？

时代在进步，人才在呐喊，皇帝在行动。

于是，神奇的科举考试制度出现了。不论出身，不论背景，只论才华。贵族子弟、普通百姓站在了同一起跑线上。考上了，皇帝有赏；考不上，也有希望。只要坚持，拼命"刷题"，总有飞龙升天之时。身处中下层的文人们终于看到了清晨的一缕阳光，门阀士族们则看到了黄昏的西山落日。

各路人马齐上阵，公平竞争战考场。皇帝们笑了：嘿嘿，我就站在背后静静地看着你们。贵族不配合，下岗待就业；百姓肯读书，翻身做贵族。考上的人都对我感恩戴德，你们都是我的人，这样做帝王，才够爽！

科举一出，从此，文人们不是奔跑在考试的路上，就是身处考场。科举的冲锋号一吹，读书人义无反顾战考场。有人战无不胜，有人苦争恶战，有人屡败屡战，有人无心恋战，有人一战成名，有人休兵罢战。大家在没有硝烟的战场上拼得你死我活，血肉横飞。

这里有狂吼，也有怒吼；有呼吼，也有喷吼；有龙鸣狮吼，也有风号浪吼；有吹唇唱吼，也有引颈长吼……

跟我走，去听听古代"考霸"们的一声吼！

目录

第一章 隋唐篇：激烈竞争背后的忙碌

　　隋文帝统一天下以后，废除了维护门阀贵族地位的人才选拔制度——九品中正制。在开皇年间，他命令各地推举"志行修谨、清平干济之士"，要求被举荐的人才们参加笔试，初步打破了门阀士族对官场的垄断。

　　到了隋炀帝大业三年（607年），朝廷诏令"文武有职事者，五品已上，宜依令十科举人"。明确提出了十科举人的科目：孝悌有闻、德行敦厚、节义可称、操履清洁、强毅正直、执宪不挠、学业优敏、文才美秀、才堪将略、膂力骁壮。不同科目录取不同的人才，所以叫"科举"。

　　大业五年（609年），隋炀帝又将十科精减为四科。进士科乃是隋炀帝在位时新出现的科目，以考查策问为主，类似于让考生们写几篇议论文。随着时间的发展，最初的科举考试固定为秀才、进士、俊士、明经四科。可惜，隋朝还没有来得及完善考试制度，就一命呜呼了。

　　唐朝的皇帝们觉得考试是个"招聘"人才的好办法，于是将科举制度发扬光大。武德四年（621年），唐高祖总结历朝历代尤其是隋朝的人才考试制度，颁发诏令："诸州学士及早有明经及秀才、俊士、进士，明于理体，为乡里所称者，委本县考试，州长重复，取其合格，每年十月随物入贡。"秀才科、明经科和进士科开设，科举最低一级——乡试正式设立。武德五年（622年）唐朝的诏书明确士人可以"投牒自应"，中下层寒门子弟不用像以前那样，必须被人举荐才能参加考试，自行到当地政府报名就行了。

不论等级，不论门第，不论背景，科举向全社会开放。魏晋南北朝以来，长期被压抑的寒门子弟在迷茫之中看到了翻身的希望。

这一年，朝廷录取了大唐科举第一榜，自此，考试基本上每年举行一次。

朝廷组织科举考试，逢进必考，是骡子是马，拉出来遛遛，无论贵族还是平民，都可以参加考试，大家在同一起跑线上公平竞争。然而隋朝与唐朝初期虽然实行了科举考试制度，但是录取的人数并不多，门阀士族的影响力依旧很强。

隋文帝、唐高祖、唐太宗都是依赖贵族集团建立王朝的，不可能彻底打击门阀贵族。汉魏至南北朝时期，陕西关中和甘肃陇山地带长期盘踞着顶级门阀集团，他们内部之间相互通婚，文化上相互认同，始终把持着各个朝代的政权与军事，入则为相，出则为将。其中，既有鲜卑族人，也有汉族人。渐渐地，这一带就形成了有名的关陇集团，西魏、北周、隋、唐四代开国皇帝都出自这个集团。

科举制度在唐太宗时期并未充分发挥作用，因为一起打天下的人才太多了，很多人都出自关陇集团等门阀贵族。李世民个人魅力超强，文武双全，跨上战马谁能阻挡，拿起毛笔又比谁差？在他的万丈光芒之下，那些高傲的门阀贵族子弟谁也不敢放肆，尽心尽力、忠心不贰地跟着皇帝干事，推动着大唐前行。

但是到了李治当家呢？

在众多皇子之中，他原本是最不光鲜亮丽的一个，无论哪个兄弟的文武之才都比他出众，谁也没有想到他能当上太子。估计李治自己也没想到，因而他的内心或多或少有些自卑。虽然太宗皇帝手把手教他如何做一个好皇帝，可是捏软柿子乃是人的本性，老功臣们倚老卖老，门阀贵族子弟承父业，大部分官员仍靠世袭的特权进入官场，谁来理你？

看似柔弱的李治根本没被大家放在眼里，一举一动都备受牵制，完全没有当皇帝的那种唯我独尊的感觉。李治不乐意了，老虎不发威，当我是病猫吗？

撂倒那些傲慢的门阀士族成了他的头等大事。

这个时候，武则天出现了。她的果敢与智谋震撼了李治，关键还挺性感妩媚呢！这不就是李治想要的帮手吗？两个人一起对科举制度进行了大力改革。唐高宗永徽二年（651 年）朝廷废除了秀才科，从此以后，进士科（考查吟诗作赋、写作议论文、背诵儒家经典的能力）和明经科（考查背诵儒家经典及议论文写作的能力）成为科举考试的两大主要科目，而进士科的地位也越来越高。

进士科一开始只考策问（相当于时事政治论述题），唐高宗永隆二年（681年），这一科又增加了帖经（相当于填空题，考查考生对儒家经典的背诵理解能力）和杂文（指诗、赋、箴、铭、颂、表、议、论之类）。到了唐玄宗时期，杂文变成纯粹的诗赋题，诗赋写作题的分数越来越高，远超策问和帖经。尤其唐朝中期以后，第一场考试就是诗赋，第二场是帖经，第三场是策文，逐场定去留，第一场最重要，这场考试的成绩决定了考生是否会被录取。

一代女皇武则天上台之后，为了选拔底层那些有才华又对她忠心的人才，对科举制度进行了大刀阔斧的改革。为了防止吏部铨选看人看背景，她命人将试卷上的考生姓名用纸糊封后，再交给阅卷官评定成绩，这是宋朝科举弥封制度的起源，让考试更加公平公正。她不仅大幅提高了科举考试的录取率，还亲自在皇宫主持考试，采用"老板直聘"的方式选拔人才。天授元年（690年），她创立了殿试制度，收归了吏部门阀大族的用人权，让底层人才能够与皇帝近距离接触。可惜，弥封和殿试制度只推行了一小段时间，武则天去世之后，科举制度又在门阀贵族的强烈要求下，恢复了以前的状态，依旧能从考卷上看到考生的名字。

唐朝的科举除因自然灾害或战乱暂停外，基本上每年举行一次，每次都是各个科目同时考试。截止到唐哀帝天祐四年（907年），一共举行了两百多次。

考场顶级"三剑客"

在隋朝和唐朝初期，秀才科（跟明清时期的秀才毫无关系）是最难考的科目，类似于两汉时期察举制里的"秀才科（茂才科）"。秀才的意思原指"才之秀者"，有才能的人，其考试项目不求多，而求精，考的是"方略策"。

这种题目好比极为深奥的哲学理论题，让你从大的方面来回答：我是谁？我从哪里来？国家有什么问题？未来又会如何发展？等等。除了针对国家存在的问题进行深入地阐述，还得提出切实可行的解决方案。那些闭门读书、社会阅历较浅的考生们看到这个科目，只能一声叹息：太难了，我们不会啊！

秀才科除了考方略策，还考杂文，也就是考察你的文采和语言运用能力。

所以，在隋朝的几十年里，秀才科只录取了十几个人。在这仅有的十几个名额之中，有三个名额却被一家三兄弟收入囊中，一时间成为考场佳话。

有个才华出众的文人被推荐去参加尚书省组织的秀才科考试，来到考场，突然发现，原来全国只有他一个人参加了这次考试。因为难度太大，没人愿意去做"炮灰"。反正考中其他科目，也能弄个官做做。

　　这个文人倒是很淡定，既来之则安之。他瞥了一眼题目，迅速提起笔，刷刷刷，没多长时间就搞定了难度极高的方略策。在场的考官们惊呆了，这孩子该不会觉得考试太难而破罐子破摔吧？咋能这么快呢？

　　大家一看答卷，天啊，哪里来的神仙？好文采，有见识！考官们一致打出最高分，立即将考卷上报到宰相杨素那里。

　　大才子杨素向来恃才傲物，谁都不放在眼里。他一听众人将一个初出茅庐的小子的试卷评为"高第"，非常不痛快。"高第"？秀才科能及格就不错了，你们居然给他打最高分？不会是没人参加考试，你们故意放水的吧？真是撑死胆大的，饿死胆小的，秀才科考试什么时候也变得如此具有烟火气了？这不降低了考试的档次吗？

　　杨素"哼"一声，不屑一顾地说道："就算周公与孔子来参加秀才科考试，也不太可能一次就过吧？"他看都没看，就将试卷划分为下等，扔到地上。考官们一时无语，这么好的人才乃百年一遇，不要也来看看嘛！

　　在考官的极力推荐下，这位谜一般的考生才有机会参加接下来的吏部复试。杨素为了验证自己的判断，亲自出了看似不可能完成的题目：分别模仿司马相如的《上林赋》、王褒的《圣主得贤臣颂》、班固的《燕然山铭》、张载的《剑阁铭》和《白鹦鹉赋》各写一篇文章。

看你小子到底有几斤几两。方略策算你勉强通过，赋文可就没那么容易了，考的是才华和反应速度。杨素撂下狠话："小子，我不能为你提供免费住宿，所以，你得想办法在下午未时之前交卷。"如果换成普通人，别说未时之前，就算三天三夜也未必能完成这个任务。

考生却不慌不忙，淡定地开始了他梦幻般的表演。他拿开板凳，直接站立，犹如一只得胜而归的公鸡，一手按住纸，一手握着笔，马不停蹄，飞快作文，不到未时，就写出了五篇难度极高的文章。

杨素看了之后，也忍不住竖起了大拇指，牛人啊！然后又静下心来认真地阅读了当初的答卷。不看不知道，一看吓一跳。哎呀，果然是人才！说道："此乃真秀才啊！"

从此，杜正玄的名字威震八方。

一个人厉害也就罢了，几个兄弟都有着考霸基因。弟弟杜正藏、杜正伦也都相继高中秀才科，人称"杜门三杰"，成为天下人茶余饭后必聊的头条新闻。尤其是杜正藏，似乎比哥哥杜正玄更牛。

他写起文章来，速度惊人，曾经上演了一场"快速作文达人秀"。他让几个助手同时拿着笔和纸，分别记录他的临场作文。只见他轮番对每个人口授词句，走来走去，妙语连珠。

不一会儿，几个助手同时完成了几篇高质量的作文。一时间，小伙伴、老伙伴们都惊呆了，这家伙比曹植七步作诗还猛！咱们就服你！

更牛的还在后面，杜正藏编写了一套类似"科举作文应试技巧""在清华北大等你"等的畅销书——《文章体式》二十卷，详细讲解了作文技巧与规则，成为考生备考的顶级指南，被大家称为"文规"。这套应试辅导书还走出国门，流传到如今的朝鲜半岛（新罗、百济），起名为《杜家新语》。

杜正伦考中秀才科之后，凭借高超的智商与情商，在官场混得如鱼得水，最后成为高宗时期的中书令，宰相级别的人物。

没有高智商根本玩不转秀才科，但是出身名门望族的子弟们考这个科目确实更具优势。因为在门阀大家族中，平时接触的都是高层人士，站得高，看得远，时不时还会听到点儿皇宫内部的机密消息，自然更懂得官场与国家运转的规律，更能看清国家未来发展的趋势。

而且名门家族中的藏书比普通人家多得多，在书籍依然属于奢侈品的隋唐，有机会阅读到普通人根本看不到的优秀书籍，眼界便会更开阔，知识储备也会更丰富，写出来的文章自然比普通人更深刻。

杜氏三兄弟出身于大名鼎鼎的京兆杜氏家族，加上他们智商高、学习勤、知识广，所以才敢尝试大家都不敢参加的秀才科考试。

秀才科好比现在顶级大学里的顶级专业，录取分数特别高。

所以，从隋朝一直到唐高宗前期，每年考中秀才科的只有一两个人。一旦考中，地位也极为崇高，担任的官职比考中进士科的要高得多。但是考试太难，录取率低，容易打击大家的积极性。如果一个大学里的专业一年只录取一两个人，估计报考的人也不会多。山珍海味是好吃，但数量很少，排起长队苦等，最后汤都不一定轮到你喝，不如去吃差一点儿的食物，好歹能填饱肚子嘛！所以，也许是报考的人太少，秀才科在唐高宗永徽二年（651年）就停止"招考"了。

隋唐进士科的策问要比方略策容易一些，一开始只考时务策五道，也就是针对时事政治写五篇议论文，适合没有社会经验的考生报考。

到了唐朝，高祖武德四年（621年）的科举考试开设了秀才科、明经科和进士科，后来逐步发展成常举和制举（临时考试）两大类，前者好比期中期末等综合考试，定时组织；后者好比临时性的考试，偶尔组织，皇帝心血来潮搞一次。常举设置了秀才科、进士科（综合性人才）、明经科（通晓儒家经典）、明法科（法律人才）、明算科（数学人才）、明字科（文字人才）、明书科（书法人才）、童子科（天才儿童）、史科（历史人才）、医科（医药人才）等多种考试，每年在固定时间、固定地点举行。

唐朝刚建立的时候，参加科举考试的人并不多，大家还没体会到这种人才选拔制度的实际好处。考试的题目相对简单，竞争不算激烈，政治环境也很清明，才华横溢的人容易脱颖而出。

快速作文达人秀

咱不是魏徵，也能铁骨铮铮

南征北战的唐太宗在战场上犹如展翅飞翔的雄鹰，只要碰到猎物就会一剑封喉。但是，现在天下太平了，没了猎物的雄鹰腰酸背痛腿抽筋，为了唤回青春的记忆，太宗皇帝拿起了弯弓，迷上了打猎。几天不打猎，心里就痒痒。

一天，风和日丽，天气晴朗，正是打猎的好日子。兴奋的李世民带上猎鹰、猎犬和侍卫，出发！这时一个大臣急匆匆地赶来，直接拉住了马的缰绳，不合时宜地讲起了大道理："陛下就带这几个人去打猎？万一遇到危险怎么办？如果有个三长两短，谁来主持政务？希望您时刻胸怀天下，不要贪图享乐，任性而为，干一些没有意义的事情。"

嘿，这家伙，是不是皮痒啊？侍卫们恨不得马上抽出大刀砍过去。唐太宗也怒了：想当年，老子在万人之中单枪匹马，贯阵入敌营，眼睛都不眨一下。如今打个猎，还怕遇到危险？但是，这个臣子所说的也是为了自己好。于是，太宗皇帝收起怒火，耐着性子解释道："今天天气这么好，闲着也是闲着。朕既不喜好美酒，又不贪恋女色，不过就打猎这么一个爱好。正好也出去散散心、走走路嘛！再说了，我们都是绕着村庄，绝不惊扰百姓。我带着十几个侍卫，你有什么不放心的呢？"

说完，太宗赶紧登鞍上马，暗示侍卫，准备出发。

可他没想到，那位大臣更来劲了，扑通一声跪在马前，义正词严地说道："陛下如果今天硬要出门，就请从老臣的身上踏过去，我愿以死来换取您的纳谏。"

这老头儿想干吗？劝谏也得有个度吧？好脾气的太宗皇帝火了："朕本来以为你是个忠诚勇敢的人，哪知你却不知好歹，目无尊上，竟然管起朕的行踪？这点儿小事都做不了主，朕还做什么皇帝？"

唐太宗大喝一声："来人，把他拖出去斩了！"

一旁的侍卫们早就等不及了，咱们陪皇帝出去玩，正是表现自我、制造机会的时候，你这老头儿真没眼力！几个人立即跳下马，拎住了干巴巴的老头儿。

老头儿先是一怔，然后一把鼻涕一把泪地呼喊道："关龙逄（夏朝直言进谏而被杀的人），你等着，我马上就来与你做伴，再也不想侍奉皇帝了。"

有胆色！

久经沙场的唐太宗最尊敬的就是那些不怕死的人，何况还是个瘦弱的文人？他立即哈哈大笑，说道："起来，起来，朕不过是想试试你的胆量，你还真是不怕死的主。有你这样的人在，乃是大唐的福分哪！今天听你的，不出去打猎了，咱俩下盘棋总可以吧？"

很快，老头儿晋升为谏议大夫。

很多人会以为这个老头儿是魏徵，其实他的名字叫孙伏伽。

他原本是隋朝的基层小官，担任过万年县法曹（司法部门负责人）。以前的县城远远比不上现在的县城，所以法曹只是个不入流的职位。孙伏伽才华横溢，又有丰富的基层工作经验，却始终得不到提拔。不久之后，愤怒的起义军瞬间瓦解了繁华的大隋朝，李渊乘机建立了大唐，完善了科举考试制度。武德四年（621年），唐高祖李渊明确州、县地方先举行第一级的考试，相当于后来的"乡试"。参考人员也不必像以前一样，由官府或者大人物举荐。科举开始向全社会开放，只要你符合身份要求，就可以自由地到当地政府报考。这个小小的改革，打开了寒门子弟进入考场和官场的大门。

唐朝科举考试分为解试和省试两级：解试又叫乡试，类似现在的高中会考，是州、县（地方政府）举行的考试或者中央公立学校组织的毕业考试；省试是由中央机构——尚书省组织的全国统一考试，类似现在的高考。通过这个考试，才算正式考中进士，拿到了官场准入证。"乡试"的第一名叫"解元"或"解头"，"省试"的第一名叫"状头"或"状元"。

参加省试的考生主要来源有两种：一是"生徒"，通过毕业考试的中央公立"大学（国子监）"在校生；二是"乡贡"，通过所在州、县组织的选拔考试——乡试（解试）的社会人员，每年随地方政府向朝廷进贡的物品（贡品）一起被送到京城长安。

在其他州、县参加"乡试"，跟在京兆府长安参加"乡试"的效果完全不一样，因为京城户口加分。一般来说，通过京兆府"乡试"的考生，基本上一路绿灯，顺利晋级，"省试"不是问题，状元都有可能。所以，抢夺京兆府的"解头"，每年都成了考生们的重头戏。而有些地方的考生参加省试的时候，录取率很低。荆南地区就一直无人考中省试，被人笑称为"天荒解"，即便天荒地老，你也停留在解试的层次。直到唐宣宗大中四年（850年），荆南地区考生刘蜕首次在省试中及第，从此便有了个典故——破天荒。

唐玄宗开元二十四年（736年）以前，省试由吏部考功司主持，所以称为"考功试"。开元二十五年（737年）以后，省试改由礼部主持，所以称为"礼部试"，考场设在礼部贡院，这个改革制度一直延续到清朝。

长期处于底层的孙伏伽犹如枯井里的青蛙遇到了久旱后的甘霖，他要乘风破浪，到更广阔的天地里发挥自己的才华。他一路过关斩将，最终拿下省试第一名，成了中国历史上有文字明确记载的第一个状元。他的成功让魏晋南北朝以来长期被压抑的寒门子弟们内心沸腾了。科举是个好制度，孙伏伽行，我们也行！从此，中下层文人们的读书考试热情好像一把火，燃烧了人生的沙漠。

来到中央任职的孙伏伽依旧保持着基层干部朴实耿直的性格，见到不平的事情，他都会说上几句，不管你是皇帝还是权臣。

当年，唐高祖李渊为了稳定人心，颁布了天下大赦令。可是不久之后，他就后悔了。那些起义军的将领们怎么能轻易赦免呢？他们会不会再次起义？一时的心慈手软会不会给自己树立更多的敌人？于是，李渊又决定杀掉那些曾经的起义军首领。

孙伏伽不干了，普通男人也得说话算话，一口唾沫一颗钉，何况是一国之君？现在天下好不容易安定下来，即便将领们想要造反，又有几个人吃饱饭没事干，跟着他们起哄呢？造反不就是为了吃饱饭吗？于是，他立即进谏道："君无戏言！您制定的法律制度，难道自己都不遵守吗？天下百姓们会怎么看您？又怎么能信任您、追随您呢？"

唐高祖点点头，不错，不错，你说得对！他虚心地接受了孙伏伽的建议。

初唐时期，朝廷的军粮赋税比较繁重，以户为单位征收，相当于大户人家与贫困户要上交同等数量的赋税与军粮。大地主轻松自如，老百姓苦不堪言。好比大家的个人所得税不是按照工资的多少来扣除，而是按照人头来扣除，年收入上亿的老板和年收入一万的打工人，上交的所得税是一样的，这样公不公平呢？

孙伏伽多次请求改革征收方式，甚至不惜得罪管理征收任务的大臣裴矩，终于让朝廷同意改为以人口为单位征收赋税，这样人口多的豪门家族就得多交税，人口少的贫困家庭就可以少交税。

一个小小的改变，让无数百姓得到了大大的实惠，而孙伏伽却得罪了多多的豪门家族。

也许是好人有好报，也许是赶上了好时代，他一直稳稳地幸福着，历任刑部郎中、大理少卿、大理寺卿等职，一直活到唐高宗时期才寿终正寝。

我静静地看着你唾沫星子乱飞

一代女皇武则天在打击政敌方面，手段比较恐怖，她老人家统治的时代，虽然经济向前发展，但酷吏横行，为李唐王朝呐喊的正直之士能活下来已是谢天谢地了。但任凭别人风吹雨打，有一个人却始终闲庭信步。

他就是娄师德，典型的"佛系"大神。

在弟弟外放担任地方官的时候，作为大哥的娄师德唠叨了几句："我现在得到陛下的赏识，已经有很多人在陛下面前诋毁我了，所以你这次在外做官一定要事事忍让。"他弟弟想了想，大哥说得对，如果我在外惹事，大哥地位不稳，最终吃亏的还是我自己。于是，他说道："大哥，您放心。就算别人把唾沫吐在我的脸上，我也只会自己擦掉，决不为此和人计较。"

按照常理，这已经足够忍让了，要是被别人吐口唾沫在脸上，还不得和对方吵起来？

娄师德看着弟弟，摇了摇头，说："这样还不行，你擦掉就表示对别人吐你唾沫这个事不满，别人的怒气仍然不会消，一定还会嫉恨你。依我看，别人往你脸上吐唾沫，你自己不要主动擦掉，应该慢慢等着唾沫在脸上自然风干。"

有人会说，这也太懦弱了吧……我可以脾气好，但不能没有啊！这个典故的记录者也许有夸张的成分，但从娄师德的经历与性格来看，教弟弟极度忍让的话，他还是说得出来的。

那么，娄师德到底是个怎样的人呢？是不是真的很懦弱无能？是不是蠢人、笨人呢？非也，非也！

他生于唐太宗贞观四年（630年），从小才思敏捷，在二十岁的时候便考中了进士，这个时期的进士科还是以时务策（议论文）为主，重点考察一个人对时事的看法。有人说这个年纪中进士也没多了不起嘛！那是你不了解唐朝的科举制度，能在这个年纪考中进士已经非常难得了。曾经写下"慈母手中线，游子身上衣"的大诗人孟郊，四十六岁才进士及第，兴奋地写下一首诗："昔日龌龊不足夸，今朝放荡思无涯。春风得意马蹄疾，一日看尽长安花。"白居易二十九岁时进士及第，在同时考中的十七人中最为年轻，立即挥毫写出"慈恩塔下题名处，十七人中最少年"的诗句。二十九岁还是录取考生中最年轻的，可想而知其他人的年龄了。有很多人一辈子也没考上过。

考中进士之后，娄师德被任命为江都县尉（主要负责县里的治安和抓捕盗贼的工作）。因为才能出众，又与人为善，智商、情商都在线上，他很快被升为监察御史（掌管监察百官、巡视郡县、纠正刑狱、肃整朝仪等事务）。一场临时性的"招聘考试"让他瞬间成了"红人"。

后来，吐蕃侵袭唐朝边境，唐高宗李治举行了临时性的考试（类似于后来的制举），颁发《举猛士诏》，在全国范围内"招聘"臂力过人、弓马娴熟的军事人才，对吐蕃进行军事反攻。平常不声不响的娄师德做出了一个惊人之举：头戴红抹额（额头上系着红色的带子）前去"应聘"。

我也要上阵杀敌！

众人纷纷投来怀疑的目光，老娄也能砍人？"考官"唐高宗倒是很高兴，连文臣都有如此豪情壮志，何愁敌人不灭？立即任命娄师德为朝散大夫，让他随军出征。

一开始，唐军进展不顺，损兵过半。危急时刻，娄师德挺身而出，弟兄们，跟我上！唐军士气大振，很快阻挡了敌人的进攻。随后，他又奉命出使敌营，在赤岭（今青海省日月山）对着吐蕃将领高谈阔论，毫不畏惧，宣扬唐朝威严，陈述利害关系。凭着三寸不烂之舌与过人的胆识，娄师德让吐蕃人既敬畏害怕又心悦诚服。唐朝文人那么多，就数娄师德他最牛。罢了，罢了，不打了，回家！

吐蕃人撤兵了。

娄师德主动报名参军，又临危不惧，所以，他绝非懦弱之士，只是不想把时间与精力浪费在无谓的争论上。

过了几年，吐蕃人不讲信用，再次入侵。娄师德火了，面对反复无常的人，只有两个字——打他！他率兵在白水涧（今青海湟源南部）八战八捷，打得吐蕃人不知道东南西北。

很快，娄师德升任左金吾将军、检校丰州都督，主持屯田（军队自己种地，生产粮食）事务。跨上战马能够上阵杀敌，卸下铠甲能够耕田种地。他穿着劳动群众的粗布衣服，亲自带领士兵们开垦荒田，艰苦奋斗。军队生产的粮食越来越多，完全实现了自给自足，再也不用等着内地跋山涉水转运粮食了。

武则天笑了，娄师德既能打仗，又能干事，这样的员工是个宝啊！我给你升职加薪。

娄师德被召回中央，一路升迁，很快成为宰相（唐朝的宰相有很多个，并不是只有一个）。在酷吏横行、血腥争斗的武则天时代，他善始善终，安稳地活到七十岁。

他是怎么做到的呢？

娄师德曾与另外一位大臣李昭德一同上朝，因为身体肥胖，他走路比较缓慢，像一只左右摇摆的企鹅。走得比较快的李昭德是个急性子，不耐烦地骂道："你这个乡巴佬儿，磨磨蹭蹭，走几步路都上气不接下气。"

如果换成普通人，定会火冒三丈，立马翻脸，你骂我乡巴佬，我骂你土鳖子，再上去拍上两板砖。"佛系"大神娄师德并没有生气，反而停下脚步，喘口气，笑着自嘲道："师德不是乡巴佬儿，谁是乡巴佬儿？"

脸红脖子粗的李昭德也只能双手一摊，算你狠！

　　面对这样看起来弱弱的人，另外一位宰相狄仁杰投来鄙夷的目光，什么玩意儿，这样的人怎能做宰相？于是，他总是排挤娄师德，最终将娄师德贬到外地担任地方官。武则天有点儿看不下去了，试探性地问狄仁杰："爱卿可知道娄师德贤明吗？"

　　狄仁杰不屑地回答道："娄师德担任将领的时候，谨慎守职，至于是否贤明，微臣就不知道了。"现在电视剧电影里都把狄仁杰塑造成神人了，对于他曾经的缺点很少描写，其实，是个人就会有缺点。

　　武则天又问道："娄师德善于发现人才吗？"狄仁杰答道："臣曾与他一同工作，没听说过他善于发现人才！"

　　老狄，你有点儿不厚道啊！武则天都替娄师德委屈，她立刻拿出当初娄师德举荐狄仁杰担任宰相的奏章，道出了事情的真相："朕用你为宰相，就是因为娄师德的大力举荐，难道他不善于发现人才吗？"你狄仁杰算人才吗？如果算的话，怎么能说老娄不善于发现人才呢？

　　狄仁杰脸红到了耳根，惭愧，惭愧啊！人和人之间的差别咋就这么大呢？他望着娄师德被贬的方向，长长地叹了一口气："唉，娄公如此大度宽容，看来我跟他之间差得不是一个档次啊！"

　　煮酒论英雄，师德赢天下。

　　做了好事还不让人知道，这不是愚蠢，而是在险恶官场中生存的智慧。相比娄师德，急性子的李昭德最后被酷吏来俊臣与皇甫文备诬告谋反，丢掉了脑袋。

对待同僚，能友好的尽量友好；对待下属，能体谅的定要体谅。

有一次，娄师德巡视并州，在驿馆与下属一同吃饭。他发现自己吃的是白米，而属下吃的却是糙米，这不是让我搞特殊吗？属下们会怎么看我？他立即把驿长叫来，责怪道："你为什么用两种米来招待客人？"驿长不知所措，额头直冒冷汗，东南西北风，这位长官抽的是哪阵风？好不容易给他搞到白米，还不满意？难道要吃黄金米？驿长怯怯地说道："一时半会儿，拿不出那么多白米，死罪，死罪！"

娄师德想了想，驿站小官也不容易，说道："是我们来得太仓促，导致你来不及准备，不能全怪你。"然后把自己的饭也换成了粗粮。

有一天，娄师德下去巡察屯田事务，随从人员已先起程。因为他腿脚不方便，走路又慢，便坐在门口等仆人牵马过来。这时，有个县令并不清楚娄师德的身份，自我介绍一番后，便与他一同坐在门口的一根横木上，聊起闲天来。

县令的下属看到这一幕，顿时惊掉了下巴。县老爷这是什么操作？他赶紧将不知情的县令拉到一边，说道："这可是朝廷重臣，皇帝身边的红人，您怎么能跟他平起平坐？"县令一听赶紧磕头，赔礼道歉："下官不知宰相大人光临，冒犯了大人，罪该万死！"

娄师德并未生气，刚才咱聊得不挺投缘的嘛！起来起来！说道："你因为不认识我才和我坐在一起，法律没规定这也是死罪嘛！"

对待下属的失误，娄师德能宽容的尽量宽容，但也不会一味纵容。他到灵州视察的时候，在驿馆吃完饭准备离去，听到一个判官在抱怨："我们连水也没喝上，叫了半天都没人搭理。"娄师德便把驿长叫来，当场责问道："判官跟我这个朝廷大臣有何区别，你竟敢不理他？为何不给他水？"

驿长一听，娄大人平时不发火，发起火来如狮吼，连忙叩头请罪。娄师德瞟了一眼吓得面如土色的驿长，火候刚刚好，又说道："我这个大臣打你这个小小的驿长，传出去对我名声不好。直接告诉你的上官吧，你小命又难保。算了，我还是饶了你吧！"驿长千恩万谢。

望着驿长离去的背影，娄师德对判官说道："你看看，我替你出气了。"看似轻描淡写的话语成功实现了一箭双雕：既教育了驿长不要狗眼看人低，要服务好每一个人，也顺带委婉地告诫了判官，得饶人处且饶人。

唐朝初年的科举考试属于新生事物，考试的题目相对比较单一，竞争还不算激烈，所以娄师德能够早早地考中进士。随着科举成为文人们进入官场最重要的渠道，越来越多的人加入了考试大军，竞争也进入了白热化，尤其是热门专业——进士科，好比千军万马挤上独木桥，谁都想前来分一杯羹。

到了唐高宗永隆二年（681年），进士科考试增加了帖经、杂文两个考试项目。唐玄宗上台以后，杂文题又精简为纯粹的诗赋题，从此，诗赋水平成了衡量考生才能的最重要标准。中唐以后，进士科考试的顺序也发生变化，第一场考试就是诗赋题，第二场帖经，第三场策问，逐场定去留，第一场考试的成绩相当重要。想要考得好，诗赋水平得高。不会作赋吟诗，就别想成为进士。这样的改革大大刺激了文人们创作诗歌的热情，唐诗和科举考试制度好比一对恋人，相互促进，关系亲密。

然而，唐朝科举制度并不完善，考生的卷子不糊名，考官在批阅卷子的时候能看到其名字和籍贯。如果考生事先有点儿名气或者有达官贵人推荐，考中的机会更大一些。阅卷的考官有权参考文人们平时的作品和名气来评判成绩，你的诗赋水平到底怎么样，除了一次考试，还得功在平时。表面上看起来很公平，但是谁来推荐你呢？你写的东西谁看呢？只有重量级人物说你好，才是真的好。

所以，在科举考试之前，考生们为了打出自己的"品牌效应"，或者找到可以为自己美言"点赞"的名人高官，各想各的招数，各有各的创意。他们把平时写的诗词歌赋编成书籍，送给有推荐权的人，求他们点个赞，给予推荐！

这就是唐朝独特的考试文化——行卷：文人们把自己平时写的诗歌和文章，送给达官贵人、文坛领袖，求他们点评点评。唐朝文人都逃不过行卷这一关，没几个人能够真正做到"仰天大笑出门去"，李白、杜甫也不行。韩愈曾经形象地描述自己和考生们求人推荐的样子："足将进而趑趄，口将言而嗫嚅。"站在达官贵人的面前，犹豫徘徊，畏首畏尾，想说又不敢说，想问又不好问。纠结啊，苦闷啊！

王公贵族、达官名人、文坛领袖等有地位、有名望的人都有权向主考官推荐人才，一起预先拟定录取的名单，这叫"通榜"。也就是说，在科举成绩公布之前，录取人员的参考名单基本上已经形成。主考官一般会以通榜名单为主、考试成绩为辅的方式录取人才。

这样的考试除了拼才气与学识，还要拼个人的活动能力和家庭背景。有关系的人可能轻松入围科举，没有关系的人可能越考越虚。录取的名额很少，考试的人却很多。有背景的考生找关系，高官朋友齐上阵；没背景的考生提名气，自我推销想创意。但是，不管有无背景，唐朝考生的第一要务，得会写诗赋，不然难以服众，更难以进入皇帝的法眼。

行卷活动虽然很不公平，但也大大刺激了优秀诗人和诗歌的涌现。因为考试的时候写诗歌，会有时间和考场的限制，很难写出高水平的诗歌。平时写作的氛围比较自由，容易出精品。为了行卷和应试，文人们就会留心观察风土人情、山川河流等，一有空就写诗，一有感触就写诗，不写，拿什么去行卷呢？不写，怎么打造个人品牌效应呢？无论何时何地，文人们都会作首诗，送朋友、送亲戚、送领导……说不定哪个人就把你的代表作传给了重量级的人物呢？

在这样的氛围下，一首首高质量的诗歌不断涌现，诗圣、诗仙、诗魔、诗囚，等等，也闪亮登场，震惊文坛。

唐诗的繁荣，原来竟是被考试逼的！

唐朝诗人不是死磕在考场，就是奔波在去考场的路上。浪漫是诗歌里的文字，骨感是现实中的考试。随着竞争越来越激烈，大部分考生都被拍死在沙滩上，却挡不住一浪更比一浪强。大多数人只要不断气，考试就不放弃。

只要不断气，考试不放弃

在韩愈很小的时候，父母就去世了。哥哥抚养韩愈，并教他读书写字，后来哥哥被贬官到韶州（现在广东省韶关一带），之后病死了。带着小叔子返回故乡的嫂嫂虽是妇女，却有远见卓识，贫穷人家想要翻身，必须读书功夫深。小叔子，我负责赚钱养家，你负责读书"开挂"。共同努力，一起奋斗！

韩愈从小就养成了"斗士"的品格，与天斗，与地斗，与不公平的命运斗，斗它个天昏地暗，斗它个一马平川。清晨，他向着寒风大声朗诵；夜晚，他对着月亮安静思考。很快，他就把家里的藏书读了个遍，刻苦认真的小孩子也变成了知识丰富的少年。

一天，嫂子对他说："现在你长大了，去洛阳读书吧！开阔视野，结交名人，家里的事情不用担心。"从此，小镇少年变成大城市的"蚁族"青年。为了节省开支，勤奋读书，韩愈过上了苦行僧般的生活，常常读书到天明。手僵掉了，搓一搓，继续；嘴巴渴了，喝杯冷水，继续；墨汁冻住了，吹口气融化后，继续！

不断地分析、总结、抄写、背诵、练习，阅读了无数的书籍，写下了无数的文章，他终于形成了自己独特的写作风格。

韩愈信心满满地参加科举考试，可惜，接连三次，全都失败了。唐朝科举考试卷子不糊名，没有家庭背景或者名气的文人很难直接上"通榜"，也很难拿高分。

现实给了他无情的打击，他却始终不相信眼泪，继续考！生命不息，战斗不止！渐渐地，他的文章、诗歌也打出了一定的名气和市场。

这一年，韩愈又踏上第四次科举考试之路，兵部侍郎陆贽担任主考官（知贡举）。这位陆大人本身就是个才子，诗词歌赋无所不能，尤其写得一手好政论文，指点江山，激扬文字，又身居高位，眼界开阔。加上他性格刚毅，作风正派，严于律己，敢于直谏，得到了皇帝的赏识和文人们的崇拜。这样的人做主考官，即便面对王公贵族们递过来的"通榜"名单，也能够据理力争，秉公录取。

在独具慧眼的陆贽手中，本场考试一共录取了二十三人，这些人个个饱读诗书，文采卓著，日后更是地位显赫、飞黄腾达。李绛、崔群和王涯都先后坐上宰相宝座，冯宿担任剑南东川节度使，许季同官至监察御史，庾承宣成为天平军节度使，刘遵古官至刑部尚书，韩愈成为文坛领袖……因此，这一届科举录取榜单被称为"龙虎榜"。

韩愈终于进士及第，还没张开大嘴笑个够，现实又重重地敲疼了他的大门牙！

在唐朝，考中进士并不意味着马上就有官做，还得在家守选（等候编制），进士科守选时间最短，但是也得等三年，所以，有的进士几十年也没能进入体制内。守选是为了缓解"就业压力"，每年的考生多，官位少，不可能给每个考中的人马上安排工作岗位。所以即便考中科举，你也得等"空编"。初唐的考生少，职位多，国家急需人才，不太会出现这种现象。但到了唐朝中晚期，编制越来越少，考生越来越多，考试就会越来越难。

守选期过了之后，被录取人员还要参加吏部的考试——关试（又叫铨选），一般在春天快结束的时候，所以也叫"春关"。考试要求非常严格，注重身（体貌丰伟）、言（言辞辩正）、书（楷书遒美）、判（文理优长），兼顾德、才、劳三个方面。

先考"书判"，这叫"试"，看你字写得如何，断案能力怎样，字歪歪扭扭，判案犹犹豫豫，从哪里来回哪里去；再考"身言"，这叫"铨"，看你长得如何，口才怎样，长得对不起群众，说话口齿不清，回家的路就在前方；考试通过以后，主考官语气好多了，询问你的意愿，有什么想法吗？希望去哪个地方啊？经过层层领导审阅后，批复你的官职，这叫"注"；最后，把通过的人叫到一起，立正稍息，宣布岗位，这叫"唱"。

吏部一直都是权贵们的老巢，吏部尚书基本由一流门阀出身的贵族担任，他们在人才选拔上肯定偏重出身。即使你凭借优秀的成绩通过科举考试，到了吏部以后，也会受到刁难。"书判"

算是客观题，可"身言"呢？说你没气质，你该怎么办？说你谈吐不优雅，你又能怎样？

关试是吏部每年举行的常规考试。这种考试需要拼资历和年龄，你得家里有矿熬得起，所以引起了很多才能突出者的不满。为了让那些特别有才的年轻干部脱颖而出，吏部又推出了科目选："博学宏词科"和"书判拔萃科"。前者注重知识，后者注重断案。只要通过科举考试的人或者在职官员都可以参加，尤其是科举出身又没编制的文人不需要"家里蹲（守选）"三年，可以直接参加科目选，考中立即"入编"。但是，这种科目不仅题目难度大，录取率还超低，能通过的人一般都是顶级考霸。

通过吏部常规或非常规的考试以后，才能正式进入"体制内"。

为了绕开三年漫长的守选期，韩愈参加了吏部的博学宏词科考试，只拿回八个字——"勇气可嘉，欢迎再来"！

经过科举和关试的层层蹂躏，要么疯掉，要么穷死，要么意志消沉、愤世嫉俗，要么百折不挠、斗破苍穹。韩愈有点儿扛不住了，他非常敬重的嫂子因常年劳累而去世了。他返回家乡，为嫂子守丧。

守丧期满之后，韩愈又接连两次参加吏部的博学宏词科考试。

然而，现实残酷，他依旧没考上！

想要再考，必须吃饱。韩愈只能四处找工作。在唐朝，除了考试，文人们的另一条出路是做地方长官的助手、秘书等。因为唐代特殊的幕府制度，地方长官奏请朝廷以后，有资格任命亲信、名人担任自己的属下官员。而没有编制的新科进士或其他科目的新录取人员在守选期内，也能担任一定的官职，这就等于说，可以先干工作再"考编"。但是这样的官职一般都不会太高，升迁也会受很大影响。想要拿到国家承认的"资格证书"，还得参加吏部考试。

韩愈在担任宣武节度使、徐州节度使的幕僚期间，一直积极备考，总结失败的经验，反思科举的弊端。

当时公文流行骈文，考试必须律赋（一种形式要求极严的文体，后面的章节中会讲到）。文章读起来排山倒海，犹如唱歌，但是细细一品，内容空洞，说了半天等于什么都没说。

我们来看看唐朝初年的名人上官仪在科举考试中的一篇策论节选：

> 攘袂九流，披怀万古，览玉策之奥义，觌金简之遗文，睹皇王临御之迹，详政术枢机之旨，莫不则乾纲而张礼乐，法霆震而置威刑。纵使轩去鼎湖，非无涿鹿之戮；舜辞雷泽，遂有崇山之诛。自皋陶不嗣，悠生长往，甫侯设法，徒有说于轻重，子产铸书，竟无救于衰败。是知风淳俗厚，草艾而可惩；主僻时昏，黥凿而犹犯。我君出震继天，承图宰化，孕十尧而遐举，吞九舜而上征。犹以为周书三典，既疏远而难从；汉律九章，已偏杂而无准。方当采韦弦于往古，施折衷于当今。若能诏彼刑章，

定金科之取舍，征其张赵，平丹书之去留；必使楚国受金，不为庄生所责；长陵盗土，必用张予之言。谨对。（见《文苑英华》卷四九七。）

文章内容基本看不懂，但是形式整齐划一（基本采用四字、六字短语），辞藻丰富，追求声韵，典故频出。文人可以利用这种文体尽情地炫耀自己的文字才华和渊博学识。这就是唐朝初年全国上下争相模仿的上官体，和长期流行于南朝的辞藻华丽、形式工整的骈文乃是一个妈生出来的双胞胎。

韩愈心想，我们之前先秦、两汉时期的老祖宗们写的文章，质朴自由，奔放有力，内涵深刻。说点儿大白话有什么不好，非要搞形式主义吗？为了气势，搞一堆排比。难道应试作文就只有律赋骈文一种格式吗？难道不能骈散结合？考试的标准是不是出了问题呢？就不能写点儿真实感想、有血有肉、自由发挥的文章吗？

"安史之乱"后，大家信仰"翻车"，"宇宙第一"的大唐居然如此不堪一击！繁华落尽，该何去何从？藩镇割据，该如何应对？统治者们显摆盛世的标配——骈文，瞬间成了众人的眼中钉。

韩愈的想法得到了很多挣扎在底层的文人们的大力支持，"韩粉"越来越多，团队越来越强。一不小心，他成了文艺界时尚写作的"带头大哥"。向先秦散文和两汉史传文、论说文学习，不受格律约束，不受形式捆绑，用通俗质朴的文字自由抒写心中所想，给文章注入精神内涵。

想着多年来的失败，韩愈用《马说》发出了时代的最强音："千里马常有，而伯乐不常有。"在凄风苦雨中奔走了许多年，却无人赏识，无人引荐。处于底层的人活该一辈子被踩在贵族们的脚底下吗？俗话说，是金子总会发光，但在深山老林里发光又有谁看得见？天下不是缺少千里马，而是缺少善于发现的伯乐啊！"呜呼！其真无马邪？其真不知马也！"

为了打开文章的市场和销路，韩愈辞去幕僚工作，在洛阳隐居了一段时间，读书写作，宣传推广自己的古文理念。他亲自示范，写出了很多优秀的文章，如《原道》《原性》《原毁》《原人》《原鬼》，合称"五原"。他提出复兴儒学，文以载道，掀起了一场浩浩荡荡、影响后世的古文运动。因为骈文风行了东汉、魏、晋、宋、齐、梁、陈、隋等八个朝代，所以苏轼称韩愈"文起八代之衰"，一人单挑八代风骚！

在强有力的广告宣传和市场推广之后，已经名扬天下的韩愈重装上阵，再次策马狂奔，去长安寻找伯乐。守选期过了之后，他就有资格参加吏部的常规考试——关试了。吏部官员一致认为，韩愈自带光环，文章诗赋第一流，再不录取他，天理不容。

前后近十年，八次考试、六次落榜，韩愈终于吃上皇粮，有了编制。他被任命为国子监四门博士（国子监是国家最高学府，分为七个学馆：国子、太学、广文、四门、律、书、算，每馆有十到两百个学生，负责教书的有博士、直讲、助教，校长为祭酒）。从此，他的人生一路"开挂"！

韩愈出身寒门，但是遇到了相对清明的政治环境，而他本身不仅精通吟诗作赋，还懂得广告营销，成功把自己打造成古文运动的"带头大哥"。如此光芒四射，谁敢不录取？所以，他虽然考了很多次，但还算是比较幸运的。大部分唐朝文人终其一生，也考不中科举。

到了晚唐，政治腐败，皇帝昏庸，贪污横行。面对不糊名的科举考试制度，考官在批卷子的时候能清楚地看到你的名字和家庭背景，即便你有名气，人家也不一定录用你，只看你背后站着谁。中下层的文人被录取的机会更加渺茫了，因为贵族子弟随随便便就能用钱砸上通榜，而寒门子弟往往一考就是好多年。

下面要说的这位考霸，小时候在父亲的教导下，五岁开始背诵儒家经典书籍，七岁开始创作诗文。可是不到十岁，他父亲不幸去世，母亲只能带着几个孩子回到老家。在这里，他遇到了人生中第一个真正的启蒙老师——隐居世外的堂叔。这位堂叔从小就攻读《诗》《书》《礼》《易》《春秋》等书籍，不仅作得一手好古文，还能写得一手好书法。

他和弟弟都跟着堂叔学习诗赋文章，钻研诸子百家。名师出高徒，渐渐地，他的楷书越写越好，诗文也越作越棒，在家乡打出了名气，人们知道了他的名字——李商隐。

可惜，没多久，堂叔也去世了。

作为家中长子，他远的目标是要振兴家族，近的目标则要养家糊口。凭借一手漂亮的楷书，李商隐找到了"佣书贩春（替人抄书）"的工作。在雕版印刷术发明之前，书籍的流通主要靠手抄。但是干这种活特别累，有钱的富贵人家就会雇佣字写得不错的人替他们抄书。于是，社会上便出现了职业抄书人，也叫佣书。

既然是职业，就得有职业精神。抄书人除了抄写图书，还身兼编辑、校对、制作、设计、装订等各种职位，先把竹片或纸张编成册子，然后一边抄一边校对，尽量少出错误，当时可没有橡皮擦啊！抄好以后，还得用树皮或者纸张制作封面，再设计书名，制作目录。字体和装帧漂亮美观才能让雇主满意，从而赢得更多的客户。

贫穷的文人只要认识字，书法功底不错，在替人抄书的时候，就能接触到平时没机会看到的书籍，一边抄，一边阅读。在雕版印刷术发明以后，大家一般只印畅销书和国家需要推广的书。在木板上雕刻一套书，费时费力，一本书要雕刻好多块木板。即使有了活字印刷以后，有些平时难以见到的书、珍贵的书，印刷量很小甚至不印刷，抄书人依然有市场。而底层读书人即使不去做抄书工作，想读书又买不起的话还是需要自己去抄的，看到市面上没有的好书，也得抄。

有些人抄着抄着变成了学问大师，还有人抄着抄着变成了土豪富商。

东汉安帝时期，有个叫王溥的人，长得很帅，加上"腹有诗书气自华"，气质出众。因为家里比较穷，他就拿着竹筒、插着毛笔在洛阳城搞起了地摊经济——替人抄书。有文化的大帅哥一摆摊儿，瞬间引来大批洛阳有钱的妇女们。好帅的小哥哥啊！能不能给我抄本书？抄完后，贵妇们还会给他一些额外的小费〔"美衣冠，妇人遗其珠玉"（《拾遗记》）〕。

不得不服，长得帅，身材好，贴上文化标签，在任何时代都很吃香。王溥每天抄书手疼，数钱手软。他又用赚来的钱买粮买地，很快就成为洛阳城的富人（"洛阳称为善笔而得富"）。他又花大价钱买个官，做了中垒校尉（京城的中级军官）。

可是，随着科举制度的出现，读书识字的人越来越多，落榜的人纷纷谋求出路，抄书行业也变得越来越"内卷"。而且在唐朝，考试才是底层文人最好的出路，摆摊儿创业的商人连报名参加考试的机会都没有。按照唐朝考试惯例，想要科举成功，必须先找到达官名人推荐。小镇青年李商隐来到大都市洛阳寻找命运中的贵人。

经过朋友们的引荐，他带着自己的诗歌文章到大臣令狐楚府上"行卷"。令狐楚后来成了中唐时期著名的宰相，他的骈文与韩愈的古文、杜甫的诗歌，在当时被公认为"三绝"。在这样的人面前，没点儿实力根本入不了他的法眼。令狐楚一看李商隐的诗文，拍案叫绝。他不仅大力"点赞"，还送来人脉，将李商隐推荐给了退休在家的白居易等大名人，并把他拉进了儿子令狐绹的"朋友圈"，甚至还亲自上阵，教李商隐写骈文。

智商在线的李商隐很快就成了骈文高手。著名历史学家范文澜认为，只要有一本《樊南文集》（李商隐的文集），唐代其他人的骈体文就可以直接"打入冷宫"了。白居易也非常喜欢李商隐的诗歌，曾经对人调侃道："希望我死后能投胎当李商隐的儿子。"

一时之间，李商隐成了万众瞩目的焦点、洛阳城的宠儿。

但是，此时的大唐已经不是昂扬向上、政治清明的盛唐，而是日落西山、党争频繁的晚唐，即便有人推荐，朝廷也未必重视真正的人才，大臣们只在乎你是谁的人。而且这个时候的令狐楚还算不上重量级的人物，他从中央调到了地方任职。从大和（也作"太和"）年间开始，李商隐前前后后至少参加了五次科举考试"马拉松"（唐朝科举每年举行一次），始终都是别人的陪跑，只拿回"谢谢参与奖"。虽然他极力鼓吹自己身上流着大唐皇室的血，但是，谁又能够验证呢？这只不过是唐朝文人们固有的营销推广技巧，把祖先认真仔细地包装一番，以期在"行卷"的时候找到关系，增加分量。李白、杜甫都用过这样的套路。一个招数用的次数多了，也就没有推广价值了。

无论他怎么考、怎么吹，都考不上。

不幸中的万幸，他一直跟随在令狐楚的身边担任巡官，米袋子和菜篮子总算稳住了。

科举始终进展不顺，李商隐开始发牢骚，在《送从翁从东川弘农尚书幕》中写道："鸾皇期一举，燕雀不相饶。"好吧，我考不上，都是无能主考官惹的祸，不是我的错。已经考中进士的好友令狐绹写信来劝导，老李，不要放弃，继续努力！李商隐回信抱怨道："尔来足下仕益达，仆固不动。"你小子说得倒轻巧，站着说话不腰疼，饱汉不知饿汉饥。

令狐绹也很无奈，天地良心，我一直力推你。他每年都把李商隐平时的作品送到主考官那里，不停地鼓吹好友的才华。开成二年（837年），李商隐硬着头皮又参加了科举考试。这次的主考官乃是令狐绹的朋友——高锴。在考试之前，他还问道："令狐老兄，你觉得这次考生中哪个最牛啊？"

令狐绹立刻激动地回答："李商隐，李商隐，李商隐！重要的事情说三遍！"〔绹直进曰：李商隐者。三道而退。（李商隐《与陶进士书》）〕

高锴笑着点点头，明白了！

这一年，考试"钉子户"李商隐终于被录取了。可是，恩师令狐楚却因病去世了。

为了绕过守选期，料理完令狐楚丧事的李商隐参加了吏部的博学宏词科考试，结果却没考中。但是考场失意，情场得意。他接到了泾原节度使王茂元发来的特别邀请，来吧，小李，我的幕僚职位任你选，我的女儿任你挑。

在巨大的诱惑面前，"贫困户"李商隐低头了，成了王茂元的幕僚兼女婿。

当时的朝廷大臣分为两个派别：以牛增孺为首的"牛党"和

以李德裕为首的"李党"。每天斗得你死我活，不是你弄死我，就是我干掉你，从唐宪宗时代一直斗到唐宣宗时代。国家大事搁一边，专业斗争四十年。唐朝科举考生一旦被录取，必定对主考官和推荐人感恩戴德，因为没有他们的大力"点赞"，考试入围几无可能。考生们就称这些推荐人为"座主"，自称"门生"，大家围绕着"座主"抱团取暖，排斥异己，形成了一个个的山头和圈子。所以，考试卷上不糊名，是科举初创期的一大弊端。唐朝中后期的党争越来越激烈，跟这种弊端有一定的关系。

王茂元与李德裕是朋友关系，自然被看作"李党"成员，而令狐楚父子则是"牛党"成员。令狐绹发怒了，我老爸刚死，你李商隐就投靠了我们的敌对阵营，有没有良心？有没有廉耻？居然还对李德裕的政策大力支持？没有我，你能考中进士？

从此，李商隐被贴上了忘恩负义的标签。估计他也是一声叹息，大哥，你们身处权力中心，手捧金饭碗，闹来闹去，我连个泥饭碗都没着落，哪有资格成为党派成员啊？唉，该死的党争！

开成四年（839年），李商隐再次参加吏部考试，也许是因为岳父的关系，也许是因为"李党"人员的推荐，他顺利通过了考试，得到了秘书省校书郎（类似于皇家出版社的校对编辑）的职位，不久，成为弘农（今河南省灵宝市）县尉。因为在工作中与上级发生冲突，有个性的李商隐干脆"裸辞"了，懒得伺候你们，爷去参加考试了！

他积极备考，参加了吏部的科目选——书判拔萃科考试，顺利考中，重新进入了秘书省。正当他准备大展宏图的时候，命运却对他挥来一记勾拳——母亲去世了。按照古代制度，他必须回家守孝三年，从而错过了本可以飞黄腾达的机会，因为这三年正是"李党"首领李德裕最风光的时期。

等他回到秘书省之后，天都变成了灰色。李德裕失去了最大的靠山——唐武宗，"李党"也跌入了"冰河世纪"。接着，岳父王茂元又突然病死，李商隐失去了"精准扶贫资金"，菜篮子也空了。

讨厌李德裕的唐宣宗继位之后，对"李党"进行了大清洗，"牛党"重新掌握政权。官职很低的李商隐虽然连被人排挤打击的资格都没有，但同时也失去了被提拔重用的可能。

无奈、苦闷成了他日常生活的标配："有谁比我惨啊？"

这时，桂管观察使郑亚发来邀请函：老李，要不来桂林看看山水如何？郑亚是"李党"成员，所以被贬到了欠发达地区。李商隐点点头，好吧，我去！反正留在京城，也没晋升的机会。

可是，待在桂林不到一年，郑亚又被贬了，泥菩萨过河自身难保，李商隐则"光荣下岗"，加入了失业大军。

没有了稳定的工作，又没有持续的生活来源，穷困潦倒的他只能回到长安寻找就业机会。此时的令狐绹已经进入权力中心，春风得意。要不给他写封信，叙叙旧？李商隐送去了热乎乎的老脸，令狐兄，我们之间有误会，要不咱俩面谈一次如何？

令狐绹投来了冰冷冷的双眼，谁跟你是朋友？可笑，还面谈？

给你两个字：免谈！

唉，考试吧！好歹咱的考试技能还不错！中老年大叔李商隐抹了抹眼泪，又参加了吏部的考试，虽然顺利过关，却只得到了盩厔（zhōu zhì）县尉的小职位。辗转多年，兜了很多圈子，又重新回到了起点。当年，他就是在县尉岗位上"裸辞"的。

难道我的人生是个圆圈吗？起点就是终点，终点还是起点！郁闷又能怎样？当年因为有岳父的精准持续的扶贫资金，我才敢唱着"红尘多可笑"，直接"裸辞"。如今我有一贫如洗的家庭，岂能歌唱"潇洒走一回"？拍拍身上的灰尘，上岗吧！

没过多久，武宁军节度使卢弘正伸来橄榄枝——来徐州跟我一起干吧！

李商隐兴奋地上路了，总该轮到我时来运转了吧？卢弘正有勇有谋，跟着他铁定有肉吃！

可惜，人算不如天算。一年以后，卢弘正病死了，李商隐又下岗了！他也很郁闷。唉，人家都说千里马遇到伯乐就会好运自然来，可我的伯乐不是被人贬谪，就是直接升天。

现在想做县尉也回不去了！

上天估计也在嫉妒李商隐的才华，不把他踩躏几遍，不会放他去升仙。

随着妻子王氏的病故，李商隐一度想要出家为僧，人生这么痛苦，何必如此执着？

但是，他的名字早就威震文坛，欣赏他的人也有很多。西川节度使柳仲郢力邀李商隐去四川担任参军。这一次，会不会又是短暂的偶遇呢？嘿，管他呢！如今的我烂命一条，大不了再次下岗嘛，情况还能坏到哪里去？李商隐唱着"忐忑"去了四川，总算过上了比较安定的生活。几年之后，柳仲郢调回中央。临走前，他给李商隐安排了一个官职不大、油水很多的"肥差"——盐铁推官，工资高，待遇好，奖金补贴也不少。干了几年，李商隐回到了老家，带着震撼四方的文学作品去了天上。愿天堂没有"下岗"！

活到老，考到老，一辈子考不上该怎么搞

晚唐著名诗人许棠出生于安徽泾县，要钱没钱，要背景没背景，除了才华，啥也没了。一辈子前前后后考了二十多次进士科考试，每年都拿回一个"谢谢参与"的安慰奖。好在他当时的名气比较大，诗词写得有模有样。

同时代的诗人林宽说他"日月所到处，姓名无不知"。只要太阳、月亮照耀的地方，就有人知道许棠的大名。尤其他写的两首关于洞庭湖的诗更是被大家题在扇子上，一传十，十传百，使他成了人人皆知的"许洞庭"。许棠还与当时有名的诗人郑谷、张乔、任涛等人并称"咸通十哲"。

如果他在政治清明的时代，遇到雄才大略的皇帝，许棠估计早就上了通榜，成功晋级。可是，他考了二十多年，生活穷困潦倒，饭都吃不饱，一会儿到朋友家蹭顿饭，一会儿到官员家投点儿诗，一会儿又到九华山隐居几天。

灰色的人生，灰色的经历，仿佛一切都是灰色的，所以许棠

写出的诗歌也是灰色的。比如他笔下的江南："雷电闲倾雨，猿猱斗堕林"，没有盛唐时期"日出江花红胜火，春来江水绿如蓝"那么清新动人。看个洞庭湖，还紧张得"惊波常不定，半日鬓堪斑"，没了孟浩然"气蒸云梦泽，波撼岳阳城"的磅礴气势。

一个人经历了太多的苦难，又碰不到能够改变命运的环境，很难写出大气磅礴、浪漫潇洒的诗句。但是，许棠有着大唐诗人骨子里的执着与坚持。唐懿宗咸通十二年（871年），年过半百的他再次踏入考场，这匹千里马终于碰到了伯乐。

这次科举考试的主考官是一身正气的大诗人李频。

看到穿着破烂、头发花白的许棠，李频一声叹息，如此才华横溢的人怎么沦落到这个地步？他大笔一挥，第一个录取的人就是许棠。

许棠顿时感觉腰不酸了，腿不疼了，走路也有劲儿了，一口气爬座山都不在话下。啊呀，我青春的小鸟又飞回来了！他的嘴巴成了"小喇叭"，到处和朋友说："自得一第，稍觉筋骨轻健，愈于少年，则知一功名乃孤进之还丹也。"原来中举堪比吃了还魂仙丹啊！

经过几年守选期的等待，许棠回到老家泾县担任县尉。老朋友、大诗人郑谷特地写了一首《送许棠先辈之官泾县》相赠："白头新作尉，县在故山中。高第能卑宦，前贤尚此风。芜湖春荡漾，梅雨昼溟濛。佐理人安后，篇章莫废功。"

许棠考了二十多年，已是非常艰辛不易，还有个考霸考了三十多年。

他是魏州（今河北省大名县）人，出身贫寒，很有诗赋才华。早年离开家乡，和科举结下了大半辈子的孽缘。每年参加考试，铁定沦为"炮灰"。他曾经在外面大病一场，被人误传已经死掉了。妻子跑到京城，准备把他的尸体拉回去埋了。

在半路上，妻子隐隐约约地看到一个身影，似曾相识，又不敢相认，毕竟十多年没见了。可是，当对方越走越近，她的内心崩溃了。是老公，真的是他！可他不是死了吗？

怎么老了这么多？你是人还是鬼？

衣衫褴褛的男人认出了变化不大的妻子，顿时老泪纵横，谢天谢地，你来了！老婆，我好想回家！多年未见的夫妻二人抱头痛哭，唉，一入科举深似海啊！

可是，哭完了，男人又擦擦眼泪，搂着妻子，望着京城。他不甘心，三十多年了，怎么也得给自己一个交代吧！妻子明白了，在丈夫的眼里，"宇宙的尽头"就是科举。她点点头，那你就继续考吧！我在精神上支持你！

男人抖抖身上的尘土，重新出发，最后在唐懿宗咸通十二年（871年）考中了进士。经过守选、关试之后，终于走进了"体制内"。

他的名字叫公乘亿。

并不是每个考生都如他这般幸运。很多人因为考试，成功把原来的小康之家拖成了贫困大户，只换回了发霉的"准考证"，始终拿不到"毕业证"。

参加科举的考生们一场考试下来花费特别大，行卷要花钱包装你的诗歌集吧？要买毛笔纸墨来书写吧？跑关系你得带点儿礼物或土特产吧？来到京城你要不要吃饭住宿？来回交通费（唐朝政府不给补贴的）需要多少？朋友请你吃饭是不是得回请……

春天放榜后，很多落榜的考生为了节省时间和精力，选择留在长安不回家。因为没有高铁和飞机，远的来回要走半年，等你走回家，歇不了几天，第二年的考试时间又到了。不如住在长安复读，来年再考，这叫"过夏"，用这段时间写的诗文去行卷，叫"夏课"。按照唐朝考生的常规路线，考个三五年、十几年，很正常！

长安城消费很高，家里有地有钱还好说，没钱的呢？要么寄居在寺院道观，没酒没肉，蹭点儿清汤；要么替人抄书，或多或少赚些盘缠；要么四处哭穷，讨要剩饭。

遇到王朝末期，地主家都没有余粮，贫寒子弟只能喝着西北风，想象风中有盘雨做的菜！

诗人们经过多年的来回折腾，小康之家变成破落户，小地主变成贫雇农，怎么可能不穷？散文家孙樵由于屡次考不上，白天饿得头昏眼花，夜里冻得不能睡觉，"悴如冻灰，瘠如槁柴"（孙樵《寓居对》）。

有名的诗人我们看得见，没名气的诗人呢？《太平广记》中记载，有个叫陈季卿的江南考生，跑到长安，十年都没考上，又不敢回去，只能流落街头干杂活，后来风餐露宿回到家乡，家人竟然不相信他还活着。还有个叫李敏求的人，考了十年没考上，最后精神分裂，时刻感觉自己将要升天，"忽觉形魂相离，其身飘飘"。《酉阳杂俎》中记录一个不知名的诗人落榜后，钱花光了又生了病，只能把身上最后一件破衣服脱下来卖掉。那些没有名气与才华的落榜生无法得到社会的认可，有的到寺院道观里出家，有的在饥寒交迫中死去，像条臭虫一样烂在野外，让人唏嘘不已。

我们的"神仙友情"，是从"地狱刷题"开始的

有个十五岁的大男孩儿，望着跟豪华不沾边的屋子，想起自己是家里唯一的顶梁柱，只能一声叹息："唉……好歹我们也是北魏宗室鲜卑拓跋部的后裔，怎么混到如此地步？"虽然整个家族长期盘踞洛阳，可自从他的父亲去世，家中失去了经济来源，他便尝尽了世态炎凉。家族里的亲戚朋友们大多喜欢锦上添花，而非雪中送炭，谁会理他们孤儿寡母？

好在出身书香门第的母亲坚持教他识字读书，男孩儿自幼刻苦勤奋。累了，困了，掐一掐大腿；倦了，乏了，喝一喝凉水。如今十五岁的他已经精通儒家经典、诗词歌赋。为了早日脱离贫困，他迫切地想要通过考试改变命运。

在考试科目的选择上，这个少年显示出了同龄人甚至成年人都难有的理智。

当时科举考试的热门选择是进士科。明经科在唐朝初年的地

位比其他的科目高一点儿，考中后也会比进士科的官职高一些，这一科曾经也出过几位代表性的人物，比如张文瓘、李昭德和狄仁杰。但是随着时间的推移，进士科成了唐朝科举最热门的"专业"，在文人心目中的地位越来越高。新科进士受到的目光也最多，大家关注，春风得意。诗人张籍也曾说："二十八人出上牒，百千万里尽传名。"

皇帝与高官们都非常重视进士科出身的人，提拔也优先考虑这些人。"进士"相当于文人身上的顶级奢侈品，成了绝对身份的象征。文人一旦进士及第，便是"登龙门"，升迁很快，宰相之位也触手可及。因此，新科进士们被称为"白衣公卿""一品白衫"，都是最佳"潜力股"，随时有涨停的可能。

但是，进士科的录取率太低，还得到处跑关系去行卷，以少年的经济条件，怎么有时间、精力和钱财去跑关系呢？他将目光投向了相对比较容易的明经科。

明经科考试侧重儒家经典的背诵，考试方式是帖经（填空题，考查背诵能力）、墨义（名词解释，考查对课文的理解能力）和口试（口头解释典籍中的内容和读书心得）。考试不算难，熟读背诵儒家经典即可。所以社会上流行一种说法："三十老明经，五十少进士"，三十岁考中明经就算晚的了。明经科虽然录取的人数相对较多，却处于科举鄙视链的底端，大家认为你只不过会死记硬背罢了。所以，自以为有才华的文人都不太愿意去尝试，若是考中了明经、明字、明法等其他科目，你就不能再参加进士科的考试了。

唐朝以《礼记》《左传》为大经，《毛诗》《周礼》《仪礼》为中经，《周易》《尚书》《公羊传》《穀梁传》为小经，合成"九经"。从九经里提出问题，考生进行解释、说明与论述，重在考查对儒家经典书籍的理解程度。也不是九部经书都要考，而是分为明一经、两经、三经、五经四个级别。你懂一部儒家经典也行，九部都懂那更好。考生在考试的时候，要正确解释书中词语的意思，用儒家经典来对历史与现实问题进行论述评论（类似于现在中学里的政治题，用哲学理论解释现实事件）。

从小就熟读背诵经书的大男孩儿心想，五经太难，一经太简单，所以他选了难度中等的《礼记》《尚书》两经。不出意外，他顺利地通过了考试。

从此，科举考场上有了一个响亮的名字——元稹。

但是，在唐朝，进士科守选时间为三年，明经科守选时间一般是七年，其他科目差不多也是七八年。这也是很多文人积极参加进士科的原因之一，一旦考中，只需要等待三年。

元稹是个典型的现实主义者，我先占个位置，总有机会轮到我，反正我还小，与其在进士科考到老、跑关系，不如静下心来好好准备接下来的吏部铨选（关试）。

铨选注重书判，尤其是判的水平，给你两道判词题，拿两个现实当中或者虚构的犯罪案例，看看你的断案水平如何，对法律的熟悉程度如何，判词写得标不标准、漂不漂亮，等等。

有了科举明经及第的"学历证书",他就可以到节度使的幕府里找份工作拿工资。元稹来到了蒲州(今山西省永济市蒲州镇),因为此地处于黄河中游而得名河中府。他就在河中节度使府上当了个小官,一边干工作,一边准备吏部的考试。顺便还谈了场凄美的恋爱,结了一次现实的婚姻。

在蒲州无聊之时,元稹遇到了一个崔姓女子。那犹如清澈小溪里水草荡漾般的眼睛,这仿佛茂密丛林里狮子寻猎般的眼睛,相互对视,瞬间沦陷。可是,对方家里虽然很有钱,但政治地位很一般。唉,管他呢,先谈个恋爱再说。一时间,二人如胶似漆,你侬我侬,情深深雨蒙蒙。

可惜,爱情再甜,也不过是"甜甜圈",不能当饭吃!过了七年守选期的元稹前往京城参加吏部的铨选,由于才华出众,名声在外,长得还帅,他被出身名门望族的京城高官韦夏卿一眼看中,成为韦家的最佳女婿候选人。

原本在依然讲究门第的唐朝,像元稹这样出身的人是不可能有资格娶到名门望族女子的。但是,由于科举考试越来越受到皇帝们的重视,有些名门望族或者高官也会在新科考生中选取有才华、有前途的中下层文人进行重点培养,开辟延续家族辉煌的新赛道。

元稹犹豫了,一边是海水,坐上大船,便能海阔天空;一边是火焰,追求爱情,可能焚烧自我。想来想去,他狠心放弃了小崔,就让她做个遥远地方的好姑娘吧!让秋风带走我的思念和泪水。

崔，对不起了！

就这样，元稹娶了韦夏卿的掌上明珠——韦丛，正式踏入豪门。

同年，也就是贞元十八年（802年）冬天，二十四岁的元稹带着应试的技巧与新婚的快乐参加了吏部的考试，顺利入选。

这次只有八个人通过吏部的考试，而其中一个比元稹大七岁的男人成了考场"明星"，只有他一个人通过了吏部难度极大的科目选——书判拔萃科的考试。这种考试主要考判词三条（而吏部的关试只考两条），对断案的水平和写作的水平要求极高，那个头发有点儿白的年轻男人却拿了个最优等的成绩。

他是谁？他是怎么做到的呢？年轻的元稹好奇地前去打听。从此，他结交了一生的挚友——白居易。

老白的应试水平、渊博知识、刻苦程度都深深地震撼了年轻的元稹。

白居易祖籍山西，生于中唐时期的河南新郑。家境还算不错，父亲白季庚因为战功而晋升为徐州别驾（类似于省委书记的助理兼秘书）。那个时候，大唐日落西山，地方藩镇懒得理你，他们不是在抢地盘就是在抢地盘的路上。百姓们的生命时刻受到威胁。

父亲为了保护家人，把他们送到隔壁宿州符离（现在的安徽省宿州市）。白居易在这里度过了童年时光。

他没有把时间浪费在玩游戏、掏鸟窝上，而是埋头用功刻苦地读书，读得嘴巴生出了烂疮，小手磨出了老茧，头上生出了白发。

　　他写诗的风格不像李白那样喝完酒一气呵成，而事后自己都不知道写了啥！白居易很有工匠精神，每作一首诗，都念给不识字的老太太听，老太太能听懂的，留下；听不大懂的，修改；改后还听不懂的，删除。对诗句精益求精，让百姓心领神会，不故作高雅，不故作艰涩，明明白白我的心，彻彻底底用了情。

　　白居易独创了自己的写诗风格，名扬家乡小镇。他很聪明，也很现实。前有王勃、杨炯，后有李白、杜甫，与其和名人拼命"内卷"，不如开创诗歌新天地。

　　通俗易懂，就是他的招牌。

　　但是，酒香也怕巷子深，行卷乃是唐朝文人们的既定路线。白居易带着诗歌来到长安，向朝廷著作郎（负责编修国史）顾况行卷。顾况看到诗稿上"白居易"三个字，联想到连年战争到处饥荒，长安城米价、物价飞涨，大家过得都不容易，调侃道："长安米贵，居住不容易啊！"小伙子，在大城市打拼不容易的！

　　顾况觉得作者的名字挺有意思，就顺着纸张多看了一眼，结果再也没能忘掉诗歌的容颜，急切地想要和小白相见。因为诗歌集的第一篇就是《赋得古原草送别》："离离原上草，一岁一枯荣。野火烧不尽，春风吹又生。远芳侵古道，晴翠接荒城。又送王孙去，萋萋满别情。"

　　唐朝诗人在行卷之前，特别注意第一篇诗歌或者文章的安排，在深思熟虑之后，把自己或别人认为最好的作品放在最前面，展开卷轴（唐朝书籍采用卷轴装，把长条纸张卷起来）马上就能看到，此为卷首。

一上来，就得是"王炸"；一出场，就是"撒手锏"。

《赋得古原草送别》通俗易懂却不粗陋平庸，内容浅显却又饱含深情，就像一碗顶级阳春面，看似只有面条和葱花，一口下去，永远忘不掉，就是那个味儿！

顾况亲自迎接了白居易，说道："我以为好诗文就要断绝了，没想到在你这里又读到了。"又调侃道："你以后在长安城居住就容易了。"小白的才华绝对可以当饭吃，在京城买房落户不是梦！

顾况既是地位显赫的大臣，又是名震长安的诗人、画家、鉴赏家。他的一声赞，京城大门开！白居易迅速晋升为京城"一线明星"。在接下来的科举考试中，二十九岁的他就考中了进士，兴奋地写下"慈恩塔下题名处，十七人中最少年"。咱二十九岁就考中进士了，厉不厉害，意不意外？

白居易看似很容易地通过了科举考试，其实，他为了这一天的到来，已经专注应试"刷题"很多年。因为行卷固然重要，但是考场成绩也很重要，如果你的答题水平远远甩开其他人，也会给考官留下深刻的印象。

唐朝科举考试总共有三场，每场一天时间，从早到晚，到了太阳下山，夜幕降临，考官只发给每个考生三支蜡烛，燃烧完毕，立即交卷。很多考生抓破头皮也做不完题目，当时有人作对联："三条烛尽，烧残士子之心；八韵赋成，惊破试官之胆（也有版本是'笑破侍郎之口'）。"

为什么会有这种说法呢？

唐代尤其中唐以后，进士科第一场诗赋考试的第一题是格律诗，又称试律诗。试律诗最流行的考法是五言六韵十二句六十个字（也有"五言四韵八句""五言八韵十六句"），诗句中押韵的字必须使用题目中出现的一个字（限韵字）。

天宝十载（751年）的进士科题目为《省试湘灵鼓瑟》，当时考生钱起的应试诗最有名："善鼓云和瑟，常闻帝子灵。冯夷空自舞，楚客不堪听。苦调凄金石，清音入杳冥。苍梧来怨慕，白芷动芳馨。流水传湘浦，悲风过洞庭。曲终人不见，江上数峰青。"

"灵、听、冥、馨、庭、青"是押韵字，"灵"是限韵字，在诗歌里，你必须用这个字相同或相近的韵母来押韵，否则，第一场考试就得跟你说"拜拜"。

作完律诗，还有更生猛的格律赋（也称甲赋）！

题目难度大，标准高，考试成绩全靠它。整篇赋大致在三四百个字，要求声调和谐、辞藻华美、对仗工整、用韵严格。这种文体主要就是为了炫耀文采的，以四个字、六个字的句子为主，极具震撼的视听效果。尤其押韵"最变态"，给你限定几个字，整篇文章都必须用它们来押韵。

唐玄宗开元二年（714年），省试主考官王丘出的题目是《旗赋》，限定用"风日云野军国清肃"八个字作韵脚（句末押韵的字）。题目是针对军队出征、军旗飘扬而出的，用意在于表现军容整齐有气势。

我们来看看这场考试的状元李昂写的《旗赋》的最后两段：

塞断连营，幸偶时清。对岌岌之台殿，闲悠悠之旆旌。陵紫霄而风扫，逗碧落以云萦。摆帝楼之晴树，弄天门之晓旌。高则可仰，犯乃不倾。每低昂以自守，常居满而望盈。（此段以清为韵脚，营、清、旌、萦、旌、倾、盈都押同一个韵。）

时亨大畜，于何不育。永端容于太阶，沐皇风之清肃。（此段肃是押韵字，育、肃都压同一个韵。）

这种文章每句话的平仄、押韵都有严格规定，一个不小心，就闯关失败。考生想要顺利答题，必须仔细弄清楚哪些字能押韵，哪些字不能押韵，跟考试题目相关的押韵字有哪些，又如何巧妙地把这些字按顺序排到文章的各个段落中去。既要写得好，又要写得妙，很考验一个人的知识量和脑容量。在这样严格的考试要求下，文人们很难写出优秀的作品。但是在备考中写出来的一些赋文往往能够名垂千古，比如《阿房宫赋》。

在开元二年（714年）的考试中，李昂的文章写得很精彩，在当时录取的二十七名进士中名列第一，成了状元郎。从这场考试以后，限定八韵就成为唐代科举考试格律赋的标准题型。

为了应试这种难度超高的题型，白居易平时只能拼命"刷题"

（昼课赋），不仅刷历年真题，还自己编写模拟题。在《白居易集》中现存有十三篇赋，除了《宣州试射中正鹄赋》和《省试性习相远近赋》两篇是他的考场应试作文之外，其余如《求玄珠赋》《君子不器赋》等基本都是他平常的模拟作文。当然这只是保存下来的，还有大量没有保存下来的格律赋。

我们来看他所写的《汉高祖斩白蛇赋》中的几句：

> 高皇乃奋布衣，挺干将。攘臂直进，瞋目高骧。一呼而猛气咆哮，再叱而雄姿抑扬。观其将斩未斩之际，蛇方欲纵毒蛰，肆猛噬。我则审其计，度其势。口噪雷霆，手操锋锐。凛龙颜而色作，振虎威而声厉。荷天之灵，启神之契。举刃一挥，溘然而毙。不知我者谓我斩白蛇，知我者谓我斩白帝。于是洒雨血，摧霜鳞。涂野草，溅路尘。

为了应试，白居易也是拼了。谁让唐朝的科举考试那么卷呢？

考中进士之后的白居易，不想再等守选期的三年，他准备挑战吏部的超难科目——"书判拔萃科"考试。为了提高应试能力，现实派而非浪漫派的他主动出击，强化训练，制订了一系列严格缜密的备考计划："三年真题，五年模拟"。

一是突出重点，硬啃难点。书判拔萃科在书法和文采方面有严格要求，对已经通过进士科的白居易来说，只是小场面。现在的重点是"判"，巧断案，写判词。在一年的时间里，他专门收集历年真题和各地案件，仔细揣摩，认真研究。熟悉考试题型，提高解题能力。

二是实战演练，总结技巧。他先以考官的身份出题，模拟编写诉讼案件、民事纠纷等方面的考题，然后再以考生的身份答题，做出断案分析，依据法律法条进行追责量刑。

不知不觉之中，白居易创作出了上百道判词模拟题，这就是之后风靡京城的"唐朝吏部考试题库参考资料""书判拔萃科优秀作文选"——《百道判》。

经过魔鬼般的刷题训练，白居易以甲等的成绩顺利过关。在当年通过吏部铨选与科目选的八个人中，只有他一个人敢于挑战并通过了书判拔萃科的考试。他条理清晰、写作规范的"应试作文"一下子火爆京城，成了考生们争相模仿的范文。"白居易满分作文选""白氏应考指南"等辅导资料满天飞，甚至以后吏部的考试评分，都以他的判词为最高标准。

同场考生元稹也投来了羡慕的眼神，白同学，你是怎么做到的？教教我呗！

想要知道我怎么做到的，咱们边吃边聊，共同探讨。

通过吏部考试以后，元稹和白居易同时进入秘书省，担任清闲而又显贵的校书郎工作，成为"皇家图书馆"的编辑。按理说，元稹在吏部的考试中只获得了第四等的成绩，不太可能和考霸白居易分在同样的工作岗位。虽然历史没有记载，但我们可以推测，他身份显赫的老丈人肯定帮了忙。考试成绩是客观题,背后走动关系乃是主观题。

既是同科考生,又是亲密同事。一番相处下来,两人发现对方都跟自己太像了,同样的性格,同样的主张,同样的风格,同样的现实。不喜欢夸夸其谈,不喜欢故作深奥,都有清晰的目标与方向,并且为了达到目标而有付出全部心血的坚持与执着。他们不像李白那样沉迷想象,也不像杜甫那样唉声叹气。元稹羡慕白居易的应试能力,白居易喜欢元稹的创作风格。

从此以后,你我就是最好的朋友,永不分离。

秘书省的工作轻松,时间很多,他们研究写作技巧,总结经验,共同发起了"新乐府运动"。西汉设置乐府机构,专门给皇帝与宫廷创作流行歌曲,歌词有些来自民间百姓的田埂地头,有些来自文人墨客的手中笔尖,通俗易懂,反映现实。白居易等人主张恢复乐府采集诗歌的传统,从老百姓的生活中收集素材,创作诗歌,让皇帝官员们欣赏的同时,也能了解社会现实,为治国理政提供参考与借鉴。

诗歌就要让大家明明白白愿意唱,不要像雾像雨又像风,朦朦胧胧看不懂。

也许是不想只做一个"图书管理员",也许是没有极速晋升的机会,考霸白居易又准备参加朝廷的制科考试。元稹一听,好办法!咱俩一起备战。于是,元稹暂时抛开了家中的娇妻,和白居易一起组成"制举应试备考小组"。

制举是特殊的临时性科举考试，时间、科目、名字都不像常规的科举那么固定，类似于现在的公务员遴选。没有功名的寒门子弟、坚守基层的公务员、科举出身或其他出身而暂时没有得到官职的人，都可以参加。皇帝哪天心血来潮，立个名头，来，今天弄场考试，朝廷缺人手。

这种考试的叫法五花八门，才识兼茂明于体用科、识洞韬略堪任将帅科、贤良方正能直言极谏科，等等，皇帝想怎么叫就怎么叫。普通人或者待编文人考中的，马上入编任职，无须再遭受吏部"关试"的蹂躏。在职官员考中的，立即升职加薪，前途无量。

制举主要是选拔有远见卓识的高级政治人才，通常只考策问，类似现在公务员考试中的申论，以皇帝的名义提出时事政治方面存在的问题，考生写出相应的对策和解决方案。

为了专心"刷题"，两人来到了京城附近的道观——华阳观，闭关修炼，仔细揣摩，共同探讨研究考试特点、形式、内容，做到心中有数，考试不慌。每天除了吃饭睡觉，就是研究真题、预测猜题、模拟考试、订正错误、总结技巧。他们根据国家存在的政治、经济、文化、水利等各种问题，全方位、无死角地预测出多个"作文题目"，分门别类，针对训练。后来白居易将这个时候创作的七十五篇模拟作文编成了另一本畅销的"作文辅导书"——《策林》。

元白二人在简陋的道观里拼命做题，同吃同住，结成了牢不可破的友情。机会是留给有准备的人的，天天喊着"治国平天下""致君尧舜上",不如埋头去苦读,刷题战考场。

唐宪宗元和元年（806年）四月,他们参加了皇帝组织的制举——才识兼茂明于体用科考试。

元稹在考霸白居易的辅导下居然超越了考霸,拿下了第一名,这也是他毕生感谢白居易的原因之一。制举成绩突出,得到的官职自然也会比较高,元稹被授予左拾遗,从八品。而白居易也拿了很好的名次,出任周至县尉（在京城长安附近,算是比较好的地方）。

元稹和白居易在工作之余,一起游玩,一起写诗。即便日后身处异地,也动不动就写诗写信。当元稹出使东川以后,白居易与弟弟白行简、朋友李杓直同游慈恩寺,想起了元稹,唉,老元不在,真没劲!他写下了《同李十一醉忆元九》："花时同醉破春愁,醉折花枝作酒筹。忽忆故人天际去,计程当日到梁州。"

小元,你走后,我经常掰着指头掐算,想来今天你应该到梁州了。写首诗寄给你,表达我的思念。

而身处梁州的元稹居然梦见了白居易,醒来写了一首《梁州梦》："梦君同绕曲江头,也向慈恩院院游。亭吏呼人排去马,忽惊身在古梁州。"

老白,昨天晚上我在驿站睡觉梦到你了,却被送书信的"邮差小哥"吵醒,原来天亮了,而我们已经不在一起了。唉!

白行简都"吃醋"了,喂,大哥,到底谁是你亲弟弟啊?你俩也太腻歪了吧?

在被贬的时候，二人也会相互鼓励。左拾遗元稹上疏直言不讳地议论国家大事，被贬到了河南县（今属河南省洛阳市）。白居易写来一首《赠元稹》：

　　自我从宦游，七年在长安。所得唯元君，乃知定交难。岂无山上苗？径寸无岁寒。岂无要津水？咫尺有波澜。之子异于是，久要誓不谖。无波古井水，有节秋竹竿。一为同心友，三及芳岁阑。花下鞍马游，雪中杯酒欢。衡门相逢迎，不具带与冠。春风日高睡，秋月夜深看。不为同登科，不为同署官。所合在方寸，心源无异端。

不管风云如何变幻，你我二人的友谊天长地久。

当白居易被贬为江州司马的时候，元稹送来了《闻乐天授江州司马》："残灯无焰影幢幢，此夕闻君谪九江。垂死病中惊坐起，暗风吹雨入寒窗。"老白，听闻你被贬，身患大病的我也惊得从床上坐起来。

不爽了，就去考试

任何考试科目都有牛人，有一个顶级考霸参加过八次制举，全部命中；参加了四次吏部书判考试，也全获优秀。你以为他是个两耳不闻窗外事的"正经文人"吗？

非也！他写了一部爱情传奇小说——《游仙窟》，简单来说，就是一个男人和两个美女的艳遇故事。内容大胆直白，描写细致入微，在讲究"非礼勿视"的儒家传统社会里，他被所谓的"君子们"看作下流坏子。但是墙里开花墙外香，《游仙窟》被前来学习大唐文化的日本人带回国，如获至宝，纷纷感叹，大唐文人的快乐我们想象不到啊！

他在才子遍地、诗歌为王的唐朝并不起眼儿，但是在周边国家却成了"全民偶像"。

他叫张鷟（zhuó），这个名字看起来就很有故事。据说他小时候梦到一只紫色的大鸟落到自己家的屋顶上，就把梦告诉了家人。祖父兴奋地点点头："紫色的鸟，肯定是鸑（yuè）鷟，这小子以后肯定能凭借文章显赫一时。"古代传说凤凰有五种：赤者凤，黄者鹓雏，青者鸾，紫为鸑鷟，白名鸿鹄。紫色的叫鸑鷟，所以，祖父就给孙子取名叫张鷟。根据古代名人固有的营销方案，这个故事大概率也是捏造出来的传说，为了科举行卷而提前弄出的创意策划，提升人物的神秘感和故事性。

虽然这个传说不一定真实，但他的确很有才华。在唐高宗调露年间，二十几岁的张鷟便在科举考场上一战成功，进士及第。当时的主考官（考功员外郎）骞味道看着答卷，惊为天人，连连赞叹："天下第一，天下无双。"

张鷟成了齐王府的顾问（参军），但顾问总归是个虚职。不满现状的他很快又参加了朝廷的制举——下笔成章科，以优异的成绩突出重围，被授予长安县尉，先后又担任了洛阳尉、襄乐尉等职务。凭借超高智商，他成了当时有名的"神探"。

据说在他担任地方县尉期间，有个商人前来报案，说自己的毛驴不见了，找了好几天都没找到，只能来到县衙报案。办案人员经过全城搜捕，找到了那头驴子。客商似乎并不高兴，因为驴子并不值钱，驴鞍却很值钱，现在的问题是鞍子没了。

原来如此！张鷟淡定地说道："这有何难？只要驴子找到了，鞍子就能找到。"他让客商先不要给毛驴喂东西，饿着它，然后把它放出去找吃的。饥肠辘辘的毛驴铁定往贼人家里跑，因为这几天都在那里吃东西，习惯了！

果不其然，饿得肚子咕咕叫的毛驴成了"神探"的好帮手，

"哧溜"一下就跑到一户人家院子里去了。官兵们紧随其后，在院子的草堆里找到了驴鞍。原来，贼人得知张鷟下了全城搜捕令，心里很害怕。因为毛驴的目标太大，时不时还来几句特有的驴叫，容易引起别人的注意。他就留下值钱的驴鞍，放走了毛驴。

关于张鷟破案的传说还有很多。按理说，这样智商超高、能力突出的人应该会一路升迁，但他却始终得不到上司的重用。因为他一边工作，一边还"兼职"创作了不少吸人眼球的"情色"小说和揭人隐私的野史秘闻，被领导们定性为"不正经"文人，列为非重点培养对象。加上他为人比较随性，时不时借助笑话讽刺一下别人，既不讨上级喜欢，又容易得罪同事。

张鷟成了不受欢迎的"边缘人"。好吧，既然如此，那我就努力成为考试达人。

只要有制举考试，他就会积极报名参加，然后每次都能顺利通过，一任群芳妒，他在丛中笑。就喜欢看着你们看不惯我而又干不掉我的样子。他从年轻小伙子一直考到年迈老头子，一对现状不满意，就去考个试；一旦得罪人被贬谪，就去中个举。他先后参加了才膺管乐科、才高位下科、贤良方正科等制举考试，次次命中，次次优秀。

当时的大臣员半千说道："张鷟的文章犹如成色最好的青铜钱，每次都能被人看中。"（铜钱是古代的流通货币，买卖交易都靠它。纯度高的铜钱泛青光，极为罕见，所以叫青钱，深受百姓们的喜爱，大家都愿意收藏。比如唐朝初年的开元通宝，不仅质量上乘，而且做工精美，可谓万里挑一。所以，古人用"青钱万选"形容万里挑一的人才。）

因此，张鷟得了个"青钱学士"的称号。他每考一次就能升官一次，从地方来到京城担任监察御史、鸿胪寺丞等职位。他还总结一辈子的考试经历与基层经验，写出了经典判案集——《龙筋凤髓判》，和白居易的《百道判》堪称"应考指南界"的"绝代双骄"。既能指导基层官员判案，又能指导考生参加吏部的铨选。从考生变成了考试专家，就是这么牛气哄哄，就是这么个性十足。

但是，他个性太强，并不适合官场。从仅有的记载资料来看，张鷟的一生至少两次被贬。一次是在御史岗位上被贬为处州司仓（类似于粮仓的管理员，不入流的小官）；一次是在开元年间，差点儿连小命都保不住，后来经过官员朋友们的帮忙劝说才免了死罪，被判流放岭南。《桂林风土记·张鷟传》记载他被贬是因为得罪了宰相姚崇，被人诬陷贪污受贿而赐死；《旧唐书》里说他是得罪了很多人，被御史李全交弹劾，被安了个讽刺时政、有伤风化等类似的罪名而赐死。

有关张鷟的史料很少，我们只能从他人零散的记载和他自己的作品中加以推测他被贬的原因。他从性格上来说，放荡不羁；从文字上来说，讽刺朝政，还时不时调侃一下皇帝和大臣。他曾经写了一本有名的野史集——《朝野佥载》，里面有很多唐朝前期的野史异闻、奇人怪事、风俗传说、神怪灵异、闲言碎语、小道消息，等等，可称得上是唐朝名人的八卦新闻、野史纵横。能记的，不能记的，里面通通都有。只有你想不到，没有你看不到。

张鷟时不时还在作品里对时事新闻、野史秘闻进行辣味十足的点评。

比如，在武则天时代，女皇为了把敌人搞得少少的，把朋友搞得多多的，经常火速提拔人才，尤其是中下层的人才，除了推进科举改革，还推出了令人目瞪口呆的试官制度：派出十个钦差充当人才发掘员，分别到全国各个地方寻找并举荐人才。长寿元年（692年）正月初一，武则天就迫不及待地接见推荐上来的人才，不管能力大小、才学高低，全部予以录用，任命为试官，相当于政府见习生。工作先干着，好的话留下来，不好的开除。

很多人甚至阿猫阿狗不经过考试就被突击提拔进中央。一时间，御史、评事、拾遗、补阙等岗位人满为患，引起了很多人尤其那些通过层层考试上来的人才的不满。如果这样就可以做官，那我们辛苦考试干吗？

讽刺他人、议论时政怎么能少得了张大考霸呢？

张鷟特地编了一首讽刺歌谣："补阙连车载，拾遗平斗量。杷推侍御史，椀脱校书郎。"中心意思就是，现在的官员啊，一抓一大把，一扫一箩筐，女皇陛下的人才生产流水线效率真是高，实在是高！

当时有个叫沈全交的文人更狠，讽刺武则天为瞎眼皇帝。事情被侍御史纪先知查清之后，给张、沈二人正式颁发了"诽谤朝政"的"荣誉称号"，并送来逮捕入狱的"实惠礼包"。一时间，杀声四起。

好在武则天并不在意，反而笑着说："如果你们这些人有真才实学，能干务实，做出成绩，别人又怎么会说朕糊涂呢？快放了他们，难道还不让人说话吗？"

纪先知呆愣在一旁，默不作声，女皇放了你，我可等着你。小样，哪天被我抓住，看我不弄死你！

普通人可没有武则天那么大的度量。你动不动就讽刺挖苦别人，甚至把道听途说来的小道消息、传闻流言都写进《朝野佥载》等书籍里，几个意思？传播谣言？毁坏我们的名声？曝光我们的丑闻？所以，恨他的人越来越多。

张鷟成了文人圈、官员圈的"第一狗仔"，专门打探并记录当时名人的外号和隐私。这些外号有的是他自己起的，有的是别人起的而由他记录下来的。他看到豫章县令贺若瑾眼皮子紧缩，脖子很粗，就给人家起了个外号："饱乳犊子"。犊子，指的是体型比较大的动物的宝宝，比如牛犊子。这些宝宝吃饱喝足之后，就会眯着眼睛睡大觉，形容贺若瑾眼睛小，眯成一条缝，像个吃饱喝足的牛犊子。

说实话，这个外号的确有点儿损。

再比如，他说姚崇像"赶蛇鹳鹊"（姚崇身材高大，走路很快，像鹳鸟追着蛇跑的样子）；卢怀慎如"觑鼠猫儿"（卢怀慎走路的时候常常低着头，好像猫在寻找老鼠）；称御史李嵩、李全交、王旭为京城"三豹"，三头时刻准备捕食弱小动物的猎豹……

张鷟的书里记录了很多当朝大臣们不为人知的另一面。所以，他又成了权贵们的眼中钉。

无奈张大考霸太能考、太有才了，震惊天下，名扬海外，甚至成了大唐对外输出的文化软实力。据说，张鷟的忠实"粉丝"——东突厥默啜可汗听说"偶像"总是得不到重用，连连摇头叹息道："这样的人都不提拔，大唐还有什么前途？"新罗、日本等国家的使者来到大唐，不是逛戏院看表演，也不是去餐馆品美食，而是第一时间寻找并购买张鷟的文学作品。

张鷟虽然情商不高，但是心态好，智商高，一直活到很老。从贞观一直走到开元，历经多个朝代，熬死多位皇帝，依然活得有滋有味，潇洒走了好几回。陷害他、嫉妒他的人都死光了，他还在兴致勃勃地做兼职——创作言情小说，收集野史杂闻。

状元那么多，书法我最火

"咱们来玩捉迷藏的游戏怎么样？"

"好啊，好啊！"

一群孩子正在大树下面玩耍，有个人的提议引起了众人的兴趣。

"不好，捉迷藏有啥意思？还不如比赛练字，谁写得好，谁就当大将军；谁写得不好，就给将军当马骑。"一个脸色白净、眼神坚毅的小孩儿说道。他带着傲视群雄的眼神看着同龄的小伙伴们，心里想着，要是比书法，你们就眼巴巴地看我尽情表演吧！哼！

"嘿，这个好！比就比！"一群小伙伴们摩拳擦掌，各自找了一块平整的沙土地，用树枝写起字来。这时，一个卖豆腐的老头儿被这群好学的孩子们吸引而停住脚步，放下担子，一边歇息，一边观看小孩儿写字。

不一会儿，大家都写好了。提议比赛的小孩瞟了一眼老头，兴高采烈地邀请对方做裁判。他自信满满地说道："老爷爷,您看看,这里面是不是我的字写得最好呢?"

卖豆腐的老头儿看了看,这小孩儿,字写得嘛,在同龄人中还算可以,不过骄傲的态度要不得,我来敲打敲打他,于是说道:"我看你的字写得不好,就像我担子里的豆腐,软塌塌的,没筋没骨!你去附近的原华城里看看,有个没有双手的老头用脚写的字都比你的好得多呢!"

什么?用脚写的字也比我的好?原本等着接受表扬的小孩儿被这突如其来的话惊呆了,脸上红一阵黑一阵的。他为了练好字,别人写一遍,他写十遍,常常练到深夜。渐渐地,他已经是远近闻名的小书法家了。

臭老头儿!竟然轻视我?不行,我得去看看他说的神人到底是不是真的!哼,看我如何揭穿你的谎言。

小孩儿不服气,第二天就跑到城里,到处打听,果然看到一群人在围观别人写字。他挤进人群一看,哇,太震撼了!只见一个失去双臂的黑瘦老头儿,赤脚坐在地上,左脚押着纸张,右脚夹着笔,从容不迫地写着字。一个个的字仿佛小精灵,跳着舞,跑着步;又仿佛大游龙,矫健有力,飞跃而起。

卖豆腐的老人家没有欺骗我啊!小孩儿惭愧地低下了头,看来真的是山外有山,天外有天。小孩儿立即谦虚地走上前去讨教写字的秘诀,老人点点头,写出几句:"写尽八缸水,砚染涝池黑。博取百家长,始得龙凤飞。"

　　勤学苦练，博采众长，明白了！

　　从此，小孩儿更加用功地练字，学钟繇、王羲之、欧阳询、虞世南、颜真卿……渐渐地，他从单纯的模仿，转变为独特的创新，在前辈的基础上，又有了自己的风骨：结体严紧，骨力遒劲。人们把他与颜真卿并称为"颜筋柳骨"。

　　这个小孩儿的名字叫柳公权，出身于河东柳氏，从小除了刻苦练习书法，还认真学习诗词歌赋，积极准备参加科举考试。唐宪宗元和三年（808年），三十一岁的柳公权便考中了状元，这在唐朝简直是破天荒的新闻。大诗人杜甫考了很多次都没考中，韩愈前后经历七八次考试才进入"体制内"。而柳公权中状元除了本人的才学之外，还跟他的出身和书法密切相关。

　　柳公权的家族是河东柳氏，与河东薛氏、河东裴氏并称"河东三著姓"，祖上世代为官，在当地属于名门望族。河东，古时候指山西，因为山西在黄河以东，故称河东。柳公权的祖父柳正礼曾任邠州士曹参军，父亲柳子温曾任丹州刺史。哥哥柳公绰也是个考霸，二十一岁便考中制举——贤良方正能直言极谏科，成为中央秘书省校书郎，后来又以在职官员的身份参加了制举考试，成为渭南县尉；后来官越做越大，历任礼部尚书、兵部尚书，乃是推动家族更上一层楼的标志性人物。

　　隋唐时期，门阀制度依然具有强大的市场。唐高宗时期的宰相薛元超曾对朋友说："吾不才，富贵过分，然生平有三恨：始不以进士擢弟，不得娶五姓女，不得修国史。"娶不上五姓女乃人生一大遗憾啊！在众多门阀士族之中，五个姓氏家族堪称顶级豪门，分别是陇西李氏、赵郡李氏、博陵崔氏、清河崔氏、范阳卢氏、荥阳郑氏与太原王氏，由于李氏和崔氏又延伸出两个分支家族，所以他们又被称为"五姓七宗"，或者"五姓七家"。

皇帝为了打击盘根错节的贵族们，推行了科举制度。朝廷亲自组织考试，逢进必考，无论贵族还是平民，都可以参加考试，在同一起跑线上公平竞争。但是，如果考生出身名门望族，在行卷之前，很容易找到各种厉害的人物帮他大力推荐，考官看到他的名字和家族背景，也会对他高看一眼。所以，唐朝诗人动不动就把自己的祖宗摆出来，说祖上怎么怎么显赫，如何如何厉害。

当然凭关系进入官场的人也未必都是草包，有些人反而受过更优质、更全面的教育。因为在科举制度大背景下，贵族们也害怕，"躺平"是不行了，万一"草根"们都考上来，岂不把我们的位置挤掉？为了维持自己的地位，他们也非常重视下一代的读书与教育。所以，柳公权从小就被家族成员全方位、立体化地"包装"，既能博古通今，又能吟诗作赋，最重要的是练就了一手绝妙的书法。

因为吏部的考试最先考的就是"书判"，看你字写得如何，断案能力怎样。书法出众，给考官们的第一印象就会很好。而且，柳公权在考前已经是名扬天下的书法家、文学家了，他是自带光环进入考场的。

既有家庭背景，又有诗赋才华，还擅长书法，典型的"高富帅"，气质满满，能量多多，所以他能笑傲考场，捧回状元的奖杯。贵族出身的他早就熟悉了官场的运作方式和规则，很快就适应了新的环境，接着，按部就班地升迁，先在秘书省担任校书郎，历练历练，然后又担任夏绥银宥节度使李听的掌书记。

唐宪宗驾崩以后，唐穆宗李恒即位，柳公权进京奏报政务，提交报告，受到了穆宗的亲自接见。新皇帝紧紧地握着柳公权的手，说道："我之前在佛寺中看到过你的书法，早就想见见你本人了！"

穆宗原来也是个"柳粉"！

既然见到了，那就别走了，留下来天天给我写字吧！就这样，柳公权升任右拾遗，又连续担任几位皇帝的侍书（侍奉帝王、掌管文书的官员）。但是，唐穆宗并非唐太宗，是个玩物丧志的帝王。

为了住进超级大"豪宅"，他接连修建了永安殿、宝庆殿等，在造假山的过程中还压死了几个工人。他不管，几个百姓算什么？他只要在豪华别墅里聆听世界级百家戏曲。

他不仅重视游玩的项目，还注重提升游玩的环境与品质。花费重金全面装修各大寺院，京城内的安国、慈恩、千福、开业、章敬等寺院重新闪耀开放。穆宗特意邀请吐蕃使者前往观赏，看看，瞅瞅，大唐就是这么有钱，有钱就是这么豪横！你们没有吧？

他忘记了，曾经的大唐引得四方朝贺，各国尊崇，靠的不是面子工程，而是强盛的国力与皇帝的魅力。

为了修建超大池塘，他居然动用两千人的军队来疏通淤泥，硬把人工水池改造成赛船所，频繁组织赛龙舟活动。每逢节日都大摆宴席，举办大型"派对"。臣子不断劝诫，穆宗根本不听，你讲你的，我做我的。皇帝的爱好往往是天下人的风向标，从上到下，奢靡浪费，懒政怠政，皇帝都不工作，我们还干个什么劲儿？

穆宗用实力解释了什么叫玩物丧志。在一次打马球的狂欢后，他突然感觉双脚不能下地，诊断结果竟是得了中风，治来治去治不好，只能求助道士炼的仙丹。世上本没有仙，吃着、吃着，也就成了仙。穆宗飘然去了西天！

十六岁的太子李湛（唐敬宗）在懵懵懂懂中即位了。从小跟着贪玩的父亲能学到什么呢？只会更贪玩。即位第二个月他就迫不及待地跑到中和殿打马球，第二天又跑到飞龙院接着打，第三天大摆宴席，运动后放松放松，喝它个痛痛快快。

敬宗的操作让人眼花缭乱，一脸茫然。

后来，敬宗干脆不上朝了，有什么比玩更重要？有什么比游戏更刺激？上朝听唠叨，简直浪费时间，浪费生命！

他不仅自己喜好打马球，还要皇宫内的护卫、宦官等人通通参加，大家好，才是真的好！

白天玩不够，晚上继续玩。敬宗经常深夜带着一帮人抓捕狐狸，还把这项活动起了有趣的名字——"打夜狐"。

处于成长叛逆期的唐敬宗，那些大家禁止的事情，偏偏就要干。听说骊山风景特美，他想去看看。大臣们纷纷劝阻：陛下啊，从周幽王以来，游幸骊山的帝王没一个有好下场。秦始皇葬在那里，国家二世而亡；玄宗在骊山建行宫，发生安禄山叛乱；先帝（穆宗）去旅游一趟，回来就出现意外驾崩了。骊山是个不祥之地啊！

嘿，骊山真的这么凶险吗？好玩，真好玩，朕这就去验证验证！唐敬宗不顾群臣反对，立即启程，到骊山，看风景。安全回来之后，还不忘讽刺大臣，你们就知道骗小孩儿，我不是好好地回来了吗？

大臣们直摇头，这孩子，是不是傻？他能保得住大唐江山吗？

柳公权连续侍奉两位如此"奇葩"的皇帝，却依然稳如泰山，他是怎么做到的呢？

他的秘诀就是无欲无求，潜心书法。

不嫌侍书的官小，平日工作上能"躺平"则尽量"躺平"，既不参与争斗，也不参与辩论。你们在一旁热火朝天，我在旁边苦练书法，清心寡欲。他专注于《左传》《国语》《尚书》《毛诗》《庄子》等著作的研究，光笔记就做了很多本。

他把激情都释放到了自己的兴趣爱好上，反正生活无忧，你们斗得天昏地暗，我独自人间清醒。但我也不去喊着"世人皆醉我独醒"的口号，不去做斗破苍穹的战士，也不去做纵情声色的纨绔子弟，而是沉浸式体验自己的兴趣爱好。所以，他的书法在清淡的境界之中又多了内在的骨力，清淡无为并不是彻底"躺平"，"有所不为"是为了"更有所为"。

柳公权的书法水平越来越高，知识储备越来越多，名气更是越来越大，无论奸臣还是良臣，都对他敬重万分，没人为难他。

人家名气冲天，又不争不抢，还背景强大，动他干吗呢？所以，柳公权平稳度过了穆宗、敬宗的朝代，又安然无恙地走进了文宗时代。

在哥哥柳公绰的举荐下，他升任尚书右司郎中，又转为兵部郎中、弘文馆学士等职位。可是老柳几日不在身边，唐文宗感觉像失去了主心骨，平日里他特别喜欢和考霸柳公权讨论各种问题。于是，他伸出橄榄枝，还是回来给我做侍书吧！给你升职加薪，怎么样？

既然新朝新气象，皇帝积极作为，那就展示展示我的才能，提提我的建议。

一次，唐文宗和大臣们说起汉文帝的节俭作风，便举起自己的衣服说："嘿，你们瞅瞅，朕这件衣服已经反复洗过三次了！"大臣们纷纷"点赞"，真是节俭克己的好皇帝啊！文宗的大脸犹如瞬间绽开的荷花，白里透红，与众不同。哈哈，我真的很不错哦！可他看到柳公权闭口不言，荷花瞬间变成了寒风中瑟瑟发抖的冬花，老柳是在装酷吗？他这是啥意思？

为了一探究竟，文宗单独留下柳公权，问他刚刚为什么不说话？

柳公权这才道出心中的想法："君王的节约，应该体现在任用贤良的人才、贬斥奸诈的小人上，听取逆耳忠言，做出公正赏罚。至于穿着洗过好多次的衣服，只不过是小细节而已，无足轻重。"国家不会因为你穿破衣服就不灭亡，而会因为你用人不当而日渐衰败。

这还是那个"躺平"的老柳吗？这是要踏上作死的节奏吗？然而文宗毕竟不是昏庸的穆宗、敬宗，他看着柳公权坚定的眼神，笑道："说得好！既然你能够犯颜直谏，那就封你个谏议大夫吧！"

一次顶撞得来一顶更大的乌纱帽，柳公权成了谏议大夫兼知制诰，负责提建议的同时，还撰写皇帝的各种命令通知。

既然你不愿意主动赞美我，那就想个办法让你不得不赞美我。唐文宗为了得到了大书法家的"点赞"也是拼了。在皇家花园游玩的时候，文宗突然停下车子对柳公权说："有一件事情，让我今天很开心。过去赏赐给边关将士的服装，因为层层克扣，常常不能及时发放到每个人的手里。可是，今年二月份就顺利地发放完了。开不开心，意不意外？"

柳公权点点头，上前祝贺。

文宗不干了，一点儿诚意都没有，说道："你只是祝贺一下吗？不够，不够，你应该作首诗！"哼哼，今天也得考考你，你不是书法厉害吗？看看你的反应速度怎么样？

一旁的宦官看到皇帝的眼神，明白了，立即催，不给他思考的时间！小样，这还用催？柳公权想都没想，脱口而出："去岁虽无战，今年未得归。皇恩何以报，春日得春衣。"

文宗开心地张大了嘴巴，他终于赞我了，好诗，牛人哪！笑道："曹植七步作诗，闻名天下，你却只要三步，厉害，厉害！"

但是皇帝的宠信并未让柳公权迷失方向，他依然低调行事。

后来，唐文宗不满宦官专政，拉了几个伙伴准备干掉宦官集团，结果小团伙里出现了"猪队友"，计划被提前发现。宦官们先下手为强。一时间，血雨腥风，近千名拥护文宗打击宦官的人被铲除得一干二净。

这就是唐朝著名的"甘露之变"。

事变之后，宦官一直牢牢地掌握着军政大权，很长一段时期，中央官员们入朝前都要跟家人们挥泪辞别，不知道黄昏的地平线上，还能否有我的身影？

柳公权却稳稳地幸福着。政治清明，我就冲出水面冒个泡泡；官场昏暗，我就潜入水底睡个觉觉。他就仿佛金庸先生笔下《笑傲江湖》里的风清扬，身处朝廷，却飘然世外，关起门来，把书法苦练！以这样的心态和智慧，他又走过了文宗、武宗、宣宗时代。因为年纪大、反应慢、出过错，他被人弹劾过，也降职过，可是依然挺立，并以八十多岁的高龄迎来了唐懿宗时代，最终在八十八岁的时候去世，被追赠为太子太师。柳公权留下了大量优秀的书法和诗歌作品，与欧阳询、颜真卿、赵孟頫并称"楷书四大家"。

柳公权的一生说明，只要心态好，专业强，身体棒，就可以不停地"炒老板"！

大唐"司法考试"第一人

明法科类似于现在的司法考试，主要是律、令各一题，一般律是七个小题，令三个小题。律是对各种违法行为进行惩罚量刑的法律条文，令则是制度、规章等文件的规定。比如某个人犯罪了，既要找到他犯了哪条法律，也要看他违背了哪个朝廷制度，等等。

永隆二年（681年）是唐朝科举制度的重要分水岭。在这之前，明法科只考策，类似于现在的论述题，让你就某个法律现象或者故事进行论述，依据法律条文或规章表达自己的看法。永隆二年之后，明法科不管是律还是令，都要试帖十帖、试策七条。"帖"类似于现在的填空题，考察对法律条文或者规章制度的背诵能力。

下面一个明法科的考霸因为考试成绩突出，成了大唐"司法考试"第一人，常常为了维护法律的尊严，连命都可以不要。

他出生在京城长安三原县（今陕西省咸阳市三原县一带），多年来坚持学习和钻研法律知识，长大以后，直接参加了科举中明法科的考试，顺利通过；接着又参加吏部关试，也顺利过关，被授予临汾（今山西省临汾市一带）县尉。虽然相比较进士科考试，明法科稍微简单一些，但是能够如此轻松考中，也足可以看出此人智商绝对在线。

凭着专业的知识，他做着擅长的事情，按部就班地接受考核，升迁。他在沉淀、在成熟，前期的默默无闻，是为了后期的名扬天下。不久，他升任大理寺（唐朝最高审判机关）的大理丞，负责刑狱案件的判决与处理。因为硬杠权臣武三思而名声大噪。

当时，张柬之、崔玄晖、敬晖、桓彦范、袁恕己等"五人领导小组"发动了"神龙政变"，逼迫女皇武则天让位，拥护唐中宗李显继位。张柬之等人为了国家前途，建议李显杀掉作恶多端的武三思，彻底铲除武家的势力。

可是武三思早就和李显的皇后韦氏攀上了关系，听到消息的他对"五人领导小组"成员恨得咬牙切齿，咱们骑驴看唱本——走着瞧。武三思知道唐中宗与韦皇后曾是共患难的夫妻，感情非常深厚，便拿韦皇后做文章。他先让人在洛阳张贴告示，上面用华丽的文字写出了韦皇后的"淫乱秘史"，并郑重其事地提出废掉皇后，以安天下。等到"秘史"成为全国皆知的秘密，武三思又跑到中宗和韦皇后那边告状，说告示是张柬之等人张贴的，废皇后也是他们最想要做的事。

李显的火气冲天而起，竟敢污蔑我最爱的女人？彻查，严查！

负责查案的长官御史大夫李承嘉乃是武三思的心腹爱将，他怎么可能公正地处理？于是，张柬之等五人成功领到了"造谣生事、意图谋反"的"荣誉称号"。每天被韦皇后和武三思轮番"洗脑"的唐中宗不管三七二十一，做出重要批示：杀！把他们都杀光！

他下令大理寺结案定罪。诏书下到大理寺，精通法律、一身正气的考霸立即提出了反对意见：无凭无据，不经审判，怎么能随意定罪判刑呢？皇帝也不能有法不依吧？

大理寺卿（大理寺一把手）裴谈早就与武三思进行了"亲密接触"，得到命令：这五个人多嘴多舌，你看着办！

裴谈擦着冷汗，立即训斥考霸属下："别多嘴，皇帝都下令了，我们就得服从。"在考场，你是考霸；在官场，我是一霸！

考霸不干了，反驳道："大人，这五位大臣都为复兴大唐立过功劳，现在不经过仔细认真的调查审问，就轻易采用如此严厉的刑罚，岂不是破坏法律？又怎能服众呢？"

嘿，大理寺到底谁是老大？毛头小子，面对狠毒的武三思，我们得三思而后行，你不懂吗？面对昏庸的皇帝，我们不执行命令，工作就要黄啊！之后裴谈展示了一把手的魄力，直接判了五人死刑。这个时候中宗李显想起没有那五人的鼎力拥护，他也坐不上皇位，就下令改死刑为流放。可是，五人在流放的途中被武三思派人给暗杀了，酿成了著名的"五大臣惨案"。

考霸因为敢于硬杠长官和武三思，一时间，朝野震动，李朝隐三个字瞬间上了"京城热搜"。

武三思愤怒了，哪里来的愣头青？拿着勾结逆党的"荣誉证书"流放岭南去吧！好在当时的宰相韦巨源、李峤极力在中宗面前为李朝隐说情："小李向来清正廉洁，把他贬到那么远的地方，恐怕天下人不服气啊！"

李显点点头，那就让他到山西闻喜县去做个县令吧！

唐睿宗李旦继位之后，一身正气的李朝隐升任长安令。管理京城并不是美差，这里达官贵人太多，随便一个人都跟皇亲国戚沾着边，人家唾沫星子都比普通人的命值钱。但是，李朝隐无欲则刚，不爽就杠！只要谁犯法，管他是谁，直接开干！

当时，有个深得睿宗皇帝宠信的宦官闾兴贵，他的亲戚犯了罪，被李朝隐抓起来判了刑。闾兴贵就准备了一份厚礼，信心满满地去求情，心想，我这红彤彤的面子，加上白花花的银子，还搞不定一个小小的长安令吗？结果，李朝隐直接摆摆手，不行，就是不行！

嘿，不知好歹的东西！看我分分钟灭了你！气愤的闾兴贵立刻跑到唐睿宗面前添油加醋，告了李朝隐一状。可是唐睿宗不是唐中宗，早就练成了一副火眼金睛。他反过来痛骂闾兴贵："你纵容亲戚犯罪，跑去徇私说情暂且不说，居然还好意思跑来告状？谁给你的胆子？朕看李朝隐做得很对！"

闾兴贵蒙了，到底谁才是您的心腹啊？

别说一个小小的太监，脾气上来的李朝隐连公主也敢得罪！

唐睿宗的侄女成安公主看中了一个百姓的园林，不给钱，直接霸占，我是公主我怕谁？那个百姓跑去公主府要钱说理，却被公主的家奴打得遍体鳞伤，不得已来到了长安令府告状。李朝隐拍案而起。公主就能耍赖吗？抄家伙，跟我上！他亲自带人到公主府上抓了打人的家奴，直接给他来了个屁股开花。

成安公主发怒了，打狗也得看主人吧？她跑到睿宗面前一顿撒娇痛哭，皇叔，您得给我做主啊！碍于亲戚关系，唐睿宗只是安慰了几句，心里却对李朝隐频频"点赞"，我必须要好好树立这个先进典型和劳动模范。

在一次朝会上，他当着文武百官的面表彰李朝隐："如果你们这些人都能像李朝隐这样清正廉明，不畏权贵，朕还有什么可担忧的呢？"说完，立即提拔李朝隐担任太中大夫一职，专掌议论朝政之事。京城内外的权贵们看到这样的硬杠分子受到重用，纷纷夹起尾巴，安分守己，谁也不想往枪口上撞。

李朝隐用事实证明，只要专业素质过硬，就算皇帝换个不停，也总有机会升职加薪。

在唐睿宗主动退位，唐玄宗李隆基登基之后，李朝隐升任河南尹。当时，太子的舅舅赵常奴就在李朝隐的管辖范围内，此人平日狐假虎威，横行乡里，官员和百姓们都敢怒不敢言。

"有这样的人在，政治生态岂能好？"李朝隐不仅敢怒，还敢言，他暗暗找机会准备法办了赵常奴。手下的官吏们都纷纷劝他，这可是太子的舅舅，不是之前的太监，您可得三思而后行啊！李朝隐一身正气地说道："当官就要为民做主，为了区区的乌纱帽就向权贵妥协，那要律令干什么？如果办不了赵常奴，我宁可不要头上的这顶帽子！"

他以迅雷不及掩耳之势抓了赵常奴，依法依规给予惩处。百姓们惊呆了，总算来了个撑得住场面的了！以后咱们就有好日子过了。消息传到朝廷，正在积极推行改革的唐玄宗特别高兴，亲自写信鼓励李朝隐，你在地方好好干，我为你撑腰呐喊。

有了皇帝的支持，李朝隐干得更加卖力，让河南地区发生了不小的变化。

李朝隐为了维护法律的尊严和神圣，不仅敢怒斥权贵，还敢指责皇帝。

因为突出的政绩和良好的口碑，他从河南府调回朝廷，担任"最高法院一把手"——大理寺卿。当年他因为职位低而无法维护法律的神圣，现如今，他要誓死捍卫法律的权威和审判的公正。

开元十年（722 年），武强（今河北省武强县一带）县令裴景仙被查出收受了下属的贿赂，约有五千匹绢布（丝麻织品，在唐朝是可以当等量货币使用）。东窗事发之后，恐慌不安的裴景仙居然"裸辞"出逃，很快就被抓获。唐玄宗怒气冲天，直接下令给大理寺，要求当着文武百官的面杀死裴景仙。

李朝隐经过认真调查，仔细核对，发现根据大唐律令，裴景仙犯的只是"乞取"罪，而不是"枉法"罪，不能被判处死刑。因为"乞取"是官员在逢年过节或婚丧嫁娶时，收受所管辖区范围内的属下和百姓的财物，没有替人谋取不正当的利益，按当时法律规定，最多也就判个流放；而"枉法"则是官员收受贿赂之后，利用职务之便为他人谋取不正当利益，满十五匹绢布就可以被判死刑。

而且,《唐律疏议》(唐初统治者命人修成的一部法律典籍)规定:有议亲(皇亲国戚)、议故(皇帝的故旧)、议贤(德行修养高的人)、议能(才能卓越的人)、议功(功勋卓著的人)、议贵(即三品以上的官员和有一品爵位的人)、议勤(勤谨辛劳的人)、议宾(前朝国君的后裔被尊为国宾的人)的"八议"制度,以上八种人犯罪必须交由皇帝裁决或依法减轻处罚。

而裴景仙乃是开国元勋裴寂的后代,在武则天统治时期,裴景仙的父亲裴承先遭人诬告,和其他儿子一同被酷吏杀害,唯独裴景仙活了下来。于情于理于法,都应该慎重判刑。

虽然"八议"是特权制度,但既然明文规定了,就要遵守。

于是,与裴景仙素不相识的李朝隐上书唐玄宗,根据律令规定,不能判裴景仙死刑,而是流放两千里。

正在气头上的唐玄宗不干了,君要臣死,臣还敢不死?

李朝隐据理力争,如果"乞取"就判死刑,那"枉法"呢?是不是要加重刑罚?怎么加重?如果不加重,那何必弄出两个不一样的法律条文?干脆皇帝不喜欢的人就直接杀掉,要法律干什么呢?现在朝廷出台了一系列的宽刑、慎刑的政策,打屁股都要少打几下,流放也得酌情减少距离,为什么对裴景仙就要判处严刑呢?我不是为了挽救裴景仙的小命,而是挽救法律的权威。

唐玄宗不愧为一代明君,看了李朝隐的奏疏之后,渐渐地平静下来。对啊,我如果都不带头遵守法律,谁还会遵守?破坏法律的威严，不就是破坏皇帝的威严吗？玄宗不仅答应了李朝隐的请求，还特意下发通知，承认了自己当初冲动下令、破坏法律的错误。

最终裴景仙被判打一百下板子，然后，流放两千里之外的岭南地区。

从明法科考试中脱颖而出的李朝隐以极高的法律专业素养和公正廉明的为官风格赢得了大家的敬仰和皇帝的重用。即便在晚年的时候，他多次提出辞职退休，唐玄宗都不愿放手。国宝级的人物，怎能不继续发挥余热呢？最终，李朝隐死在了御史大夫任上，真正做到了为国家呕心沥血，死而后已。

第二章 宋元篇：从天堂坠落到了地狱

　　唐朝以后，中国进入战争频繁的五代十国时期，长期的混乱与分裂让大家疲惫不堪，人心思定。改朝换代频繁，让人们感叹人生短暂，皇帝的命都朝不保夕，何况我们呢？有的人纵情享乐，今朝有酒今朝醉，管他天南和地北，人性深处的欲望被赤裸裸地抬上了桌面；有的人在佛教、道教中寻求解脱，希望能够尽快脱离凡尘，飞向极乐世界，走进没有痛苦的仙界。汉朝以来备受尊崇、积极入世的儒家学说逐渐衰落，出现了"儒门淡薄，收拾不住"的现象。

　　每天杀戮不断，使人与人之间失去了信任，失去了关爱。

　　宋太祖赵匡胤"陈桥兵变"，一统天下，但是国土统一了，人的思想怎么统一呢？如何让整个社会拧成一股绳呢？怎么才能不再出现你争我夺的现象呢？如何控制人内心深处种种丑陋的欲望？如何完善儒家学说，适应新时代大一统社会的要求？……

　　从上到下，都不希望回到大分裂、大混战的时代，期盼着国家繁荣稳定。

　　大宋建立初期，皇帝们忧心忡忡，武将靠不住，文人要拉拢，新建立的国家缺人才啊！用贵族？他们能听我的话吗？用平民？

怎么发现他们呢？发现了他们又怎么任用他们呢？

需求刺激了消费，消费又刺激了生产，怎么利用流水线生产大批量朝廷急需的人才呢？嘿，隋唐的科举考试不错，但并不完全公平公正，试卷上能看出学生的姓名和籍贯，导致许多人考前跑关系、走后门，选拔的效率与效果大打折扣。最后成了贵族们相互之间任人唯亲的游戏，选出来的都是他们的人，那做皇帝有啥意思？必须选出我想要的人！

为了笼络更多的文人雅士，大宋皇帝们不断地同不公平的考试制度做斗争。在建立了一系列严格规范的制度之后，皇帝笑了，这下公平了吧？谁打招呼都不行，想要做官，必先科考。

鉴于唐代中进士的学子们喜欢抱考官大腿，宋太祖特下旨，考试及第后，不准对考官称师门，或自称门生，所有及第的人都成了天子门生。明确地告诉读书人，你们要感恩的对象，只有一个人，那就是皇帝。

此乃宋朝统治者的高明之处，打击强大的敌对势力与铲除盘根错节的名门望族，并不一定要用暴力。你让大批寒士尽开颜，给他们晋升空间与极高待遇，寒士们就会拼死拥戴并维护你，彻底挤掉那些高高在上、不干实事的贵族。

科举成了皇帝集权、收揽人心的最有效的手段，所以皇帝们非常重视。宋朝皇帝送给文人的"大礼包"也很豪横，不打折扣，不画大饼，直接给金钱、地位、面子和机会。

唐朝科举录取率很低，并不是每个人都像韩愈那么百折不挠，即使有韩愈那样的过程，也未必有他那样的结果，最后还是考不中的大有人在。

宋朝总结唐朝科举制度的弊端，扩大科举录取的范围与数量，让更多的人进入中央与地方。宋初科举，也像唐朝一样，只有两级考试：解试和省试。宋太祖为了选拔真正有才干的人担任官职，推出了殿试。考生不用参加吏部的考试，通过殿试，皇帝亲自给你安排工作，直接进入"体制内"。

自此以后，科举正式确立了乡试、省试和殿试的三级制度。第一级就是乡试，在自己家乡参加考试，杭州人在杭州考，上海人在上海考，由地方政府主持，通过的考生称为"举子"或"贡生"，第一名叫解元。乡试合格的人在当年冬季集中到京城，次年春暖花开之时参加"省试"。因为到尚书省参加考试，所以叫省试，不是现在的安徽省、江苏省那个"省"。

考生到了京城后，向礼部报到，填个表格，写明家庭情况、年纪、籍贯及参加科举考试的次数，取得考试资格证。礼部发一个"都榜"（考生座位表），考生依次入座。

殿试成为宋朝科举最高一级的考试，实际上是省试的一种复试形式，皇帝亲自挑选人才。一开始，殿试也实行淘汰制度，有的人乡试、省试通过了，却通过不了殿试。据说有个叫张元的考生，因为多次殿试落榜，一气之下竟然去投降西夏。

到了宋仁宗时期，殿试就没有淘汰功能而只有排名功能了。只是对通过省试的考生排个名次，定个等级。进士科授予的官职明显高于其他诸科，诸科一甲、二甲的职位只能对应于进士科的三甲、四甲。所以，在宋代，诸科越来越不受重视。

殿试在宫内举行，由皇帝亲自主持，并定出名次，殿试后分为三甲放榜。殿试的内容不一，有时考诗赋，有时考论，有时考策，也有考几门的。

如果在乡试、会试、殿试的三级考试中，连中解元、会元、状元，就叫"三元及第"，只有顶级考霸才能获此殊荣。

宋朝皇帝都很重视科举考试，官员的待遇也特别好，新科进士往往成了全社会争抢的最佳女婿。可是，到了元朝，朝廷取消了科举制度，文人瞬间从万千宠爱的好女婿变成了众人唾弃的"臭老九"。

元朝皇帝和贵族们具有极强的自我认同感和优越感，因为他们有个横扫欧亚大陆，战无不胜、攻无不克的祖宗——成吉思汗。"只识弯弓射大雕"又如何？我们不照样征服了世界？你们天天抱着几本破书读来读去，最后还不得跪拜我们？所以，蒙古贵族们对汉族人视之为生命的科举考试不屑一顾。什么玩意儿？是个纯爷们儿，就得骑上战马，拉起弯弓，征战沙场。在考场中抓破头皮，写那些无病呻吟而又不切实际的文章有啥用？

在这样的氛围下，元朝统治阶层大多不重视读书识字和教育，更别提科举考试了。很长一段时间，被汉人顶礼膜拜的科举成了遥远的传说。蒙古贵族没有看到科举在收揽人心、统一文化、公平选才方面的巨大作用，也没有明白考试是打破阶层固化、巩固皇权最有利、成本最低的武器。

很多具有远见卓识的人纷纷建议重开科举。元太宗窝阔台刚刚入主中原的时候，他的重要谋臣耶律楚材就请求用科举来选拔优秀的文人。面对最为倚重的丞相，元太宗点头同意了，那就考一次吧！

这次考试虽然模仿宋朝的科举模式，选了一些有才能的人，但并未授予实际官职。也许是因为蒙古贵族们的强烈反对，也许是因为皇帝只想借考试的手段探探风头。考中的人虽然没有像宋朝那样立刻被给予官位，但也享受了免除徭役、赋税等特权。但是，这次考试从严格意义上来说，不能算作正式的科举考试。

转眼间到了元世祖忽必烈时期，丞相火鲁火孙、留梦炎等人又一次建议重新开科取士。可皇帝的积极性不高，贵族们又激烈反对，讨论来讨论去，只下发了科举考试的"红头文件"，没有正式推行。

科举考试的长期停滞导致了文人们激情燃烧的青春无处释放，只能放下身段，接近地气，跑去民间剧场混饭吃，写老百姓爱看的东西：戏曲、杂剧，等等。古文、诗词是写给领导和皇帝看的，为了应付科举考试，现在领导不重视，科举不实行，写高雅的文学，给谁看呢？唐宋时期，戏曲演员地位低下，不能参加考试，所以文人很少参与到戏剧创作中去。即使他们想看、想写，也不敢去尝试，万一影响声誉而无法参加科举，那岂不亏大了？

现在好了，反正大家都不能参加科举，即使参加科举考上了也没多大用，那就放飞自我吧！

因为科举的中断，教育也基本停滞。元朝不像宋朝教育那么普及，知识水平不高的人越来越多，你把曲子写得跟诗赋一样，别人怎么能懂？写得越通俗越直白，越能赢得观众，打开市场。所以，文学消费的对象变了，必须写老百姓能懂的东西！

元朝把各行从业人员分成十等："一官、二吏、三僧、四道、五医、六工、七猎、八民、九儒、十丐。"读书人因为排名第九，又被称为"臭老九"，地位仅仅比要饭的乞丐高那么一丢丢，气得文人尤其是汉族文人只能在戏曲创作中发泄不满，嬉笑怒骂，做做白日梦。元杂剧的基本套路大约是：主人公被人鄙视，受尽折磨，最后参加科举随便拿了个状元回来，然后各种爽，各种打怪，翻身做主人。这样的套路也从另一个侧面反映了文人与百姓对科举考试的崇拜，所以，他们很少写经商发了财或投胎做了王爷。

文人在期盼，汉臣在努力，时代需要一个眼光卓著、胸怀宽广的皇帝来大刀阔斧恢复科举。

孛儿只斤·爱育黎拔力八达来了。他就是元朝恢复科举制度的关键人员——元仁宗。

他在皇庆二年（1313 年）十一月，强势推出了《行科举诏》，考试形式基本沿用宋朝的制度，分为乡试、会试和殿试。但为了缓和与贵族等利益集团元老们的矛盾，元仁宗在科举的形式、内容和录取的方式上都做了很多改变与让步。

考试的题目只能从《大学》《论语》《孟子》《中庸》里出，

并且以朱熹《四书章句集注》作为衡量考试成绩好坏的标准。所以，被现代人痛骂的明清科举，其实是从元朝开始定型的。元仁宗缩减考试内容，有他的深层次的考虑。一来蒙古人、色目人文化水平比较低，元朝的学校教育也不发达，你搞唐宋科举模式，诗词歌赋、经史子集等都要懂，贵族子弟们也不会啊！二来元仁宗通过自我的经历，他认为《大学衍义》一本书就能治理好国家了，读书不在多，而在精，况且翻译成蒙古文、色目文的汉文著作并不多。如果考试内容太宽泛，大家无法有效地准备，蒙古人、色目人最终也许会因为难度较大而抵制考试。三来易于统一评卷标准。参考朱熹《四书章句集注》的注释，可以让考官们能更加快速、公平地评阅试卷。

考试范围缩小了，人的眼界也就窄了。考试的指挥棒只教人一辈子就读那么几本书，这在科举并未发挥多少作用的元朝影响不大，但是到了科举全盛的明清时期，危害就大了。

出身卑微又怎样，我骄傲

在宋朝，寒门子弟再也不用像唐朝文人那样跑关系，到处求人推荐上通榜。答卷都是糊名的，卷面也是重新誊录的，批卷的人根本看不到试卷上的考生是谁，考生们不需要再辛苦奔波去行卷。只要埋头苦读，考中科举，就能一飞冲天，万众瞩目。下面一个考霸，就是从底层平民崛起的典型。

在他还年幼的时候，父亲接二连三地娶小老婆，阿姨们一个比一个年轻，而母亲刘氏一天比一天衰老，时不时还会叨叨父亲几句，越来越被父亲嫌弃——黄脸婆也就算了，居然还有一张茶壶嘴。终于有一天，父亲找了个理由，把母子二人赶出了家门。

冷冷的冰雨，在他们脸上胡乱地拍，母亲泪眼蒙眬，心如死灰，天下之大，哪里才有我们的家？她拎着几包衣服，牵着儿子的小手，来到了一个废弃的破砖窑旁。从此，这里就成了她和儿子临时的家。

可这哪里像个家啊？寒风从四面八方钻进来，蚊虫从犄角旮旯爬过来，唉！不能在孩子面前哭泣，母亲看了看稚嫩的儿子，她暗暗发誓再也不嫁人，要独自将儿子培养成人。慢慢地，儿子越来越懂事，越来越刻苦，将母亲省吃俭用换来的各种书籍背得滚瓜烂熟，把科举考试需要掌握的诗词歌赋技巧用得炉火纯青。

可是，他一边识字读书，一边还得忍饥挨饿。一年冬天，春节来临，别人家都在忙着买年货、贴春联。在他家的破窑里，饭锅比他的脸还干净，没有米，没有菜。抬眼望天空，到处都是云朵做的菜。唉，吃的没有，春联可以有。他拿来笔和纸，写出了上联："二三四五"，接着又写出下联："六七八九"，再来一个横批："南北。"

奇特的对联成功引起了乡亲和路人们的注意，大家纷纷过来求解释，这是啥意思啊？

少年不卑不亢地说道："上下联缺一和十，横批缺东西，我们家缺衣少食，没有东西！"

有意思，好聪明！众人点赞，纷纷慷慨解囊。

困境没有让他害怕，贫穷没有让他自卑。只要考中科举，一切困难就会迎刃而解。太平兴国二年（977年），他参加了刚刚登基的新皇帝宋太宗赵光义举办的第一场科举考试，成功拿下进士科第一名，也就是我们俗称的状元。

从此，吕蒙正的名字威震八方。

这里顺便提一下，有人将《破窑赋》（又名《寒窑赋》）说成是吕蒙正的作品，学术界存在很大的争议。据我个人多年对考试制度的研究，我认为这篇文章不太可能是他创作的。因为在宋朝初年，诗赋的考试依然沿用唐朝的标准，赋的要求极高，既要工整，又要典雅，更要有严格的韵律。而《破窑赋》写得太通俗直白，如果这种水平放在宋朝初年，别说是状元，进士都不一定考得上。这篇赋文应该是元朝文人在创作关于吕蒙正杂剧的时候，模仿他的口气创作的，因为此赋的风格夹杂着元曲的味道。

吕蒙正能从这次科举考试中脱颖而出，实属不易，因为这届考试竞争非常激烈。

这一年，刚刚即位的宋太宗迫不及待地开科取士。因为传闻说他谋杀了哥哥赵匡胤，"烛影斧声"的说法流行最广，但都没有真凭实据。由弟弟而不是嫡长子继承皇位，无论如何，都不符合既定制度。皇室成员们不满，太祖的旧臣们不安，人人都在观望。怎么办呢？收揽人心最好的方式，就是提高读书人的待遇。从全国各地录取人才，给他们安排工作岗位，他们便会成为皇帝的拥护者，拼命为他摇旗呐喊，为他保驾护航。

宋太宗要求全国各地的官员推荐考霸进入京城参加考试，朝廷报销路费。人才如潮水般地涌来，考试竞争异常激烈。宋太宗亲自主持殿试，大幅提高了科举考试的录取率，总共录取了五百多人，光进士科就有一百多人，而宋太祖赵匡胤统治期间，总共才录取了一百多人。

在来自全国各地的考霸中能够拔得头筹，夺得第一，水平绝对不一般。

吕蒙正成了后世无数寒门子弟学习的榜样，全天下的文人都放心了，太宗皇帝比太祖皇帝更公平公正，更舍得给我们"安排就业""发工资"。毫无背景的吕蒙正都能考上，我们还担心什么呢？

对于自己统治时代的第一届考生，宋太宗也给予了极大的关注。在宋太祖的时候，就算是状元，一开始也只安排个地方小官，先到基层锻炼锻炼。而这一次，宋太宗直接给新科进士安排监丞、大理评事、通判等中央级别的重要职位。

吕蒙正赶上了好时代，以状元的身份被任命为监丞、升州通判。宋朝的官制分为官、职、差遣三种，官、职是虚衔，相当于荣誉称号，比如某某殿学士等，差遣才是实打实的职务，"监丞"是"官"，"通判"（协助地方长官处理政务）是"差遣"。吕蒙正虽然这个时候官位不高，但他是皇帝的特派员，出去先锻炼锻炼，将来还是要回到中央的。

所以，在临行前，皇帝不仅赐给他大量银子，还特地嘱咐他：小吕，到了地方，如果碰到难题，可以直接向我报告。

在地方上没干几年，吕蒙正就被宋太宗召回京城，担任知制诰（相当于皇帝的秘书与助理）。从此，他坐上了晋升的直通车，让别人在羡慕嫉妒恨中上演了"吕氏加速度"，展示了"宰相大肚子"。

没过多久，吕蒙正被任命为副宰相，这感觉，一个字——爽！他昂首挺胸，走路带风，高高兴兴地去上班。突然听到有人讽刺道："这小子也当上了参知政事（副宰相）呀？"

出身卑微而又升迁过快，自然会引起别人的"红眼病"。

吕蒙正的脚步顿了一下，装作没听见，继续走路。一旁关系不错的同事们不乐意了，什么人啊？竟然敢讽刺我们的状元郎？查，追查到底，看看他有啥了不起的背景，咱有皇帝撑腰，怕啥？

吕蒙正急忙制止，算了，不查！

为什么啊？大家面面相觑，难道我们的宰相大人如此软弱？

吕蒙正说道："如果查出他的名字，我也许终身忘不掉，不如不知道的好！"

他用事实告诉别人，什么叫"宰相肚里能撑船"。

当年科举考试，吕蒙正获得第一名，而第三名探花的名字叫温仲舒。此人才华横溢，提拔也较快，但是胸襟没有吕蒙正那么宽广。他因为工作上的失误，被降了职。吕蒙正没忘记这个曾经在考场上一起战斗过的同窗好友，极力在宋太宗面前推荐：小温同学还是很不错的！

宋太宗点点头，小吕说好，那就是真的好！

结果，升职之后的温仲舒也许是出于嫉妒，总是有意无意地在皇帝跟前说吕蒙正的坏话，连宋太宗都投来鄙夷的目光，这是什么玩意儿啊？小吕是不是看错人了？

于是太宗皇帝叫来吕蒙正，说道："吕爱卿，你总是在我面前夸赞温仲舒这里好，那里好，他却丝毫不懂得感恩，总是说你的坏话，这样的人你也举荐？"

吕蒙正听完了，一笑置之，回答道："陛下，您把我安排在这个位置上，不就是让我发掘并选择人才的吗？人尽其才，各司其职，才是我最需要做的事情。至于别人如何评价，那不是我操心的事情啊！"

宋太宗都惊呆了，论肚量，朕都不如你。听到消息的温仲舒老脸红一阵白一阵，人与人的差别咋这么大呢？从此，他痛改前非，低调做人，成为与寇准齐名的大臣。

吕蒙正犹如金庸先生武侠小说里的顶级高手，无招胜有招。对那些前来贿赂的人，他也是给予看似平淡而又力度刚劲的一击，别人只能知趣地离开。

有个大臣喜欢收藏古镜，在偶然的机缘下，得到一面奇特的镜子，赶忙进献给宰相大人。他迎上笑脸，夸张地说道："吕大人，我这镜子超神奇，能照出两百里范围内的风景呢！特地来送给您！"

吕蒙正笑了笑，照两百里的，那是照妖镜，你让我大半夜的，看两百里范围的东西，还不把人吓死？于是，他半开玩笑说道："你看我这个脸再大，也不过碟子那么大，哪里用得上照两百里的镜子呢？"镜子嘛，够用就好！

大臣明白了，宰相大人这是委婉地拒绝送礼啊！就服你！

有人不服，镜子是送美女的，送给吕大人的礼物得带点儿文化气息。他送来一个珍贵的古砚台，笑嘻嘻地说道："大人，这个砚台可是稀世珍宝。您只要呵一口气，它就能马上出水！"

不用注水，就能写字，的确罕见！可是，水能值几个钱？吕蒙正笑笑，说道："即便我用力呵出一桶水，也就值十文钱罢了。"我用普通的砚台，倒上一碗水，就能用一整天，何必还要鼓起腮帮子用力吹水？

送礼之人蒙了，宰相大人的思维的确跟普通人不一样，我也服了。

总是那么风轻云淡，却又一针见血。吕蒙正并不是不愿得罪人，该出手时，也会立即出手。

有一次，宋太宗要派遣一个能干的人出使辽国，吕蒙正就推荐了一个人。宋太宗可能比较讨厌那个人，没有同意。第二天，皇帝又问起使者的事情，吕蒙正依然推荐了那个人，宋太宗又没同意。第三天，皇帝又问使者的人选，吕蒙正还是推荐了那个人。宋太宗彻底怒了，你这家伙，难道智商有问题吗？不会察言观色吗？我没同意，肯定是不喜欢啊！他一把将推荐的文书扔到地上，不高兴地说道："你为什么这么固执？"

吕蒙正慢悠悠地捡起地上的文书，淡定地说道："不是臣固执，我推荐的这个人，完全是按照客观标准来选的，是出使辽国的最佳人选。臣不愿一味迎合而盲目听从您的意见，不愿为了个人的私怨而耽误了国家大事。"

老伙伴们都冒出了冷汗，单挑皇帝，活得不耐烦了吗？

宋太宗沉默不语，最后还是尊重了吕蒙正的意见。退朝的时候，他想起自己因为个人喜好而决定用不用人，感叹道："我的确没有吕蒙正的气量大啊！"

除了坚持原则，吕蒙正还敢于犯颜直谏。

有一年正月十五，宋太宗举办了大型的"吃喝派对"，不知不觉地喝多了，开启了吹牛模式："从五代开始，战乱频繁，民生凋敝，灾害不断，老百姓没过过一天好日子。自从朕治理国家以来，国泰民安，文人们有官做，百姓们有肉吃。嘿，事在人为，事在人为啊！"

众大臣一个比一个巴掌拍得响，一个比一个脑袋点得快：陛下说得对，说得好，做得也呱呱叫。吕蒙正看着大家"误入马屁深处"，担心皇帝"沉醉不知归路"，就起身来到太宗面前说道："陛下处于京城最繁华的地段，看到的自然都是繁华。但臣看到京城外不远处，就有很多因饥寒交迫而死的人，那场面，跟城里完全不一样。希望陛下能时不时地看看远方，那才是百姓真正的福分哪！"

唉，这老吕，也太不给面子了！虽然你说得对，但也不要在这种场合说吧？宋太宗的眼泪都快落到酒杯里了，眼神里只有大写的两个字——扫兴。不过人家句句在理，我又极力营造明君形象，又能把他怎么样呢？

吕蒙正对政敌和贿赂者用的是"太极拳"，他强任他强，清风拂山岗。对皇帝用得则是"一阳指",时不时点点你,还你每一个梦醒时分,免得你犯了不该犯的错。

对于自己和家人,他又念起了"紧箍咒"。

在任何朝代,高官的子弟都能享受不用参加科举就能进入官场的特权,这叫门荫入仕。之前,宰相的儿子一般都能轻而易举地得到肥差。吕蒙正觉得不妥,那就从我做起。于是他上奏说:"臣当年进士及第的时候,也只能获得九品京官。现在天下很多人都没有机会发挥才能,我的儿子刚刚成年,就可以不劳而获得到美差,这样对其他刻苦读书的人很不公平。"

皇帝一听,吕蒙正不简单,了不起,革自己的命,做正确的事。从此,宰相的儿子如果不考科举,只靠门荫入仕的话,只能授予九品京官,成为一项固定制度。

想起自己一生之中,前后三次担任宰相,受尽尊崇,老皇帝喜爱,新皇帝恩宠,站在巅峰时刻,更要看清下山的路。已过花甲的吕蒙正连连上书,提出辞职,我也该回家享享天伦之乐了。宋真宗赵恒对这位曾经的老师恋恋不舍,时不时跑到洛阳,找他聊聊天,问道:"你的几个儿子哪个可以重用呢?"

一向眼光毒辣、正直大度的吕蒙正并未偏袒儿子们,实事求是地说道:"我的几个儿子都不堪大用,侄子吕夷简倒是具有宰相之才。"

宋真宗点点头,老师看中的人,一定错不了,从此以后,重点培养吕夷简。

大中祥符四年（1011年），带着朝廷给的无限荣耀、众人给的无限敬仰，吕蒙正一脸幸福地去了天堂。

像吕蒙正这样的贫寒子弟能够脱颖而出，生活幸福，除了他自身的努力，还因为有宋朝公平公正的考试制度和"体制内"超好的待遇。

宋朝科举开始实行糊名和誊录制度，并建立了一系列防止徇私舞弊的新方法。糊名，就是把考生考卷上的姓名、籍贯等密封起来，又称"弥封"或"封弥"。淳化三年（992年），朝廷根据陈靖的建议，对殿试实行糊名制。后来，宋仁宗下诏省试、乡试也实行糊名制。考前打招呼、走后门不太可能了，名字看不到，那笔迹呢？把我平时的笔迹给考官看，让他凭字迹打高分？宋真宗大中祥符八年（1015年），朝廷又建立了誊录制度，设置誊录院，考卷一律由专门工作人员重新誊写。考官评阅试卷时，不仅看不出考生的姓名，连字迹也无从辨认。为了公平起见，试卷上还要加盖"长官"之印，考官和监考官要在试卷后面签名。如果发现作弊考生，当场驱逐。考官受贿舞弊，要受严厉处分。

如果命题人泄露考题给家人或者亲戚怎么办？

于是，宋朝又创立了锁院与别试制度，只要谁被任命为考官、命题人等，一律提前封闭式隔离，大概五十多天的时间不得外出、回家、见外人。考官们的子女亲戚要参加科举，另设单独考场，进行"别试"（也叫别头试），重新拟定考题。有考生携带参考书进场怎么办？门口一排排的卫兵严阵以待，搜身能把你短裤都脱掉。有考生想请"枪手"代笔怎么办？罚死你！处罚比考场传答案、携带资料要重得多。

为了不让世袭子弟占用寒门子弟科举的名额，朝廷还推出了锁厅考试，这是一种针对现任官员及恩荫子弟（拼家世进入官场的人）的科举考试。在宋朝初年，这类人考试合格，可以升官但没有进士头衔，如果你考不中，原来的职位也得拿掉，因为皇帝不能让你吃着碗里的、瞧着锅里的，拼爹、拼爷爷的人不能抢寒门子弟的机会。因此，在考试之前，这些人相当于把自己的办公室锁上，做好下岗的打算了，所以称之为"锁厅试"。淳化三年（992年），应试合格的人赐进士及第，天禧二年（1018年），考生成绩及格以后，还能继续参加礼部组织的"省试"，考中这个就是正式的进士了，才有资格参加后面的殿试。

这些严格而公平的考试制度，可以有效防止考官与考生作弊，对于广大贫寒子弟是非常有好处的。有诗歌写道："唯有糊名公道在，孤寒宜向此中求。"大家站在同一条起跑线上公平竞争，一大批优秀的寒门子弟脱颖而出。唐朝文人很喜欢吹嘘自己的祖宗，宋朝文人反而刻意表现低贱的背景，让天下人知道他是通过自己的努力而成功的。出身卑微又怎样？我骄傲，我快乐！

上至贵族豪门，下至平民百姓，大家读书热情空前高涨，因为"书中自有黄金屋，书中自有颜如玉"。考上了，什么都有了；考不上，全都完蛋了。社会对书籍的需求暴增也直接导致了印刷技术的迅速提升。一个家族如果出个进士，瞬间就会拉高整个家族的档次！历经几百年的门阀贵族制度，在宋朝严格公平的科举考试制度下终于土崩瓦解。中国也正式进入读书人而非贵族掌权的社会。

　　贫寒的文人们从此成了婚姻市场的抢手货。

谁跟我抢女婿，我跟谁急

在唐朝，中下层贫寒子弟即便好不容易考入体制内，待遇也不怎么样，很多人甚至养不活老婆孩子。为了让文人们安心工作，好好服务百姓，宋朝皇帝大幅提高了官员的待遇。

工资高，待遇好，还不轻易被杀头，宋朝读书人迎来了封建社会里对文人最好的时期。一旦进入体制内，待遇好到让人高声尖叫。除了正常的工资外，还有服装、茶酒、薪炭、盐、随从衣粮、马匹、牲畜饲料、公使钱及恩赏等乱七八糟的福利待遇。地方官配有大量职田，给你田地，自己收租自己花！

官员出差也有大量补助费，吃喝拉撒全部由朝廷买单。文官三年一考核，武将五年一考核，如果不犯什么大错，基本都会稳步升迁，待遇也更上一层楼。没有背景的人一旦考中进士，什么都有了！因此，新科进士成了全社会争抢的最佳女婿。

朝中高官和民间富豪喜欢在新科进士里挑选乘龙快婿，但是优秀男人少，待嫁女人多，怎么办？抢，捉！什么生辰八字、家庭背景、婚配与否，都先不论，抢到再说，民间称之为捉婿。这就是宋朝独特的社会风俗——榜下捉婿。每当科举发榜之日，土豪们全家总动员，分工合作，数量有限，抢到即是赚到，走过路过千万不能错过！

　　曾有一个新及第的年轻人，被权势之家看中，女方财大气粗，派出十多个壮丁将他抓到家中。青年既不拒绝，也不逃避。主人问道："我只有一个女儿，长得并不丑陋，愿意嫁与公子为妻，不知可否？"青年深鞠一躬，说道："我出身寒微，如能高攀，当然愿意。要不您等我回家和妻子商量一下，怎么样？"众人大笑，哎呀，饥不择食，抢错人了！

　　有一个叫韩南老的人，考中了进士，很快便有人来向他提亲。他也不拒绝，感慨万千地写下一首诗："读尽文书一百担，老来方得一青衫。媒人却问余年纪，四十年前三十三。"七十三岁，都快入土的人了，还有人抢。新科进士的"商品保质期"太长了。

　　下面一个超级考霸，因为拿下了科举考场上罕见的"三元及第"，成为高官权臣们追捧的"秒杀单品"。

　　北宋仁宗时期，外戚重臣张尧佐正在根据各地报来的考生信息，深入研究分析哪个考生适合做他的女婿。自从他的侄女因为貌美聪慧一跃成为皇宫里的张贵妃（后被追封为温成皇后），他的地位也水涨船高，凭着自己的能力与外戚的身份，在官场一路高歌猛进。为了保住自己的地位，他准备对子女们精心包装，提高档次。儿子嘛，安排进官场；女儿嘛，选择好女婿。

经过仔细对比分析，一个年轻人的漂亮"简历"吸引了他的注意。年轻人在考场上已经过关斩将，一骑绝尘，相继拿下了乡试、会试的第一名，拥有解元、会元的耀眼光环。只要拿下殿试第一，获得状元，那就是古今罕见的"三元及第"，天下读书人的最高荣誉。

张尧佐一拍大腿，就是他了！这年头，抢女婿也得先谋快动，抢前抓早。心动不如行动！我有大权，他有大脑。只要他愿意做我的女婿，我定让他拿下状元。

冯京，你跑不了啦！张尧佐看着考生的名字，暗暗发誓，在京城，只要我老张家看中的东西，早晚也得姓张。

他立即命人将冯京请到府上，开门见山：小冯，愿不愿做我的女婿？

冯京陷入了沉思，张尧佐凭借侄女的身份不断晋升，在文人之中的口碑并不好，跟着他，前途不用担心，可是，名声呢？况且，对我来说，即便不能状元及第，也能高中进士。前途、地位都有了，何必凑张家的热闹？

冯京没有搭话，这是委婉地拒绝了。

嘿，不知好歹的东西，居然敢拒绝我？张尧佐的脸都气得抖动起来。从此，民间便有了各种传说，其中一个便是"错把冯京当马凉"。

据说，张尧佐发怒了，好你个冯京，我要让你的京字旁边也加上两点水，让你彻底"凉凉"。于是他准备让自己的外甥石布桐拿下殿试第一名，又命令考官不得让冯京报名参加考试。冯京明白得罪外戚的下场，他就将自己的名字改为马凉，顺利地报了名。结果，考中了状元，华丽转身。

选择女婿的故事十有八九是真的，但马凉的传说未必属实。首先，科举到了宋仁宗时期，已经相当规范公平，采用了誊录和糊名制度，国家对考试舞弊行为的惩罚也是相当严厉。殿试一般都是皇帝亲自参与阅卷，明察秋毫、圣明睿智的宋仁宗怎么可能让外戚破坏关乎国家未来人才储备的科举制度？他又怎么判不出哪个人的答卷质量好？如果张尧佐真的不让冯京报名，大可以让考官记清楚他的样子，怎么可能改个名字就让他通过？

冯京的确凭真本事拿下了"三元"。

他从小就刻苦读书，好学上进。小的时候，他在村里上学，每天都有同学在路上被恶狗追咬。冯京挺身而出，去县衙请求惩治恶狗及其主人。县官看面前的小朋友长相清秀、身材挺拔，心生好感，于是便要考考他。你让我出去逮狗，那你给我写篇文章，怎么样？冯京右手握笔，左手按纸，瞬间完成一篇《打狗赋》。县官看到"团饭引来，善掉续貂之尾；索绹牵去，惊回顾兔之头"的句子，惊为天人，俺们小地方也出了大人才啊！立即出动衙役惩治了恶狗及其主人。

冯京从小跟着父亲辗转宜山、藤州、鄂州等地，无论到哪里，他都能静得下心来认真读书，在乡试、会试、殿试中，连中解元、会元、状元。一时间，天下轰动。宋太祖当年规定，殿试之后，皇帝亲自宣布新科进士的名次，并举行"大型派对"，与进士们在一起吃吃喝喝。因为宴会的地点在著名的琼林苑（类似于皇家公园），所以又叫"琼林宴"。

宋仁宗举行了新科进士的宫廷宴会，问起状元郎的家乡。冯京想起陪伴自己童年生活的宜山龙江，自豪满满，立即作诗回答："臣的家乡头戴平天冠（天门拜相山），脚踏万年河（龙江），左手攀龙角（龙角山），右手搬骆驼（骆驼山），前院九龙来戏水（九龙山），后院龙尾通天河（天河县即今罗城县），日间千人朝拜（千人到宜山庙上香），夜里万盏明灯（从破漏茅屋顶看万颗星星）。"

既有气势，又很形象，成为宣传宜山的顶级广告词。宋仁宗一听，大笑道："好地方！宜山真是个人杰地灵的好地方！"

冯京很快成为宰相富弼的最佳女婿人选。这次他很乐意，富弼既有才，又有品，还是众多文人心目中的"偶像"，跟着他，准没错！富弼对这个"三元及第"的女婿也很满意，先嫁出了大女儿，可惜好景不长，大女儿去世了。肥水不流外人田，他又把小女儿嫁给了冯京。

从此，冯京的身上有了历代文人都羡慕的"顶级奢侈品"标签——"两娶宰相女，三魁天下元"。

这位考霸在官场与工作中也显示出超人的智慧和可贵的品质。在地方任职，公平果断地处理每一件事情；在中央工作，埋头认真做好分内之事。不愿拉帮结派、结党营私。按常理，一般人从地方升任中央官，应该先去拜访宰相，但他没有去，惹得当时的宰相韩琦不高兴，和好朋友富弼发起牢骚："你这女婿很傲啊！也不来跟我交流交流！"

富弼回家教育女婿，冯京理直气壮地说道："韩公为宰相，我作为下属不常去拜访，乃是为韩公考虑啊，并不是我傲慢！我天天来串门，别人看见了，大家还不以为韩公在拉帮结派？"

听到此话，韩琦点点头，孺子可教也。

走过了仁宗时代，又来到神宗治下，冯京依然受到皇帝的重用。当王安石推行新法之后，出现了很多反作用。冯京上了一道万言书，指出新法的种种失误，请求皇帝废除新法，别再折腾来折腾去，还老百姓一个安静的氛围吧！王安石一党视冯京的言论为异端邪说，请求皇帝罢免他的官职。

理智的宋神宗摇摇头，批评乃是忠君爱国的表现嘛！小冯，不错的，可以重用。

冯京在众人惊呆的眼神中晋升为枢密副使（管理国家军事）。不久，茂州（今属四川省）少数民族首领何丹起义，想要自立为王，朝廷委派冯京前去平叛。何丹一听，"全民偶像"来了，赶紧放下兵器，主动投降。这还打什么啊？我要和三元及第的"偶像""合影留念"。

有人建议冯京，别听何丹忽悠，我们应该继续进攻，荡平茂州，一劳永逸。冯京摇摇头，兵法的最高境界乃是不战而屈人之兵，儒家的最高境界乃是仁者无敌于天下。少数民族同胞也是我们的兄弟嘛！他不仅下令接受投降，还发放大量粮食蔬果、农具器械，派人教当地人种植庄稼，发展生产。有了地，有了粮，吃穿用住都不愁，当地民众得以安宁。

何丹对冯京的佩服犹如滔滔江水，连绵不绝，这才是我们要追的"星"！于是他歃血为盟，发誓永远效忠大宋。

在激烈的政治斗争中，冯京始终一心为公，不掺杂个人私心。即便被变法派诬陷，也是一笑置之。也许是看透了政治的残酷，也许是看透了个人的渺小，年龄渐大的冯京不再执着于权力，不再眷恋于官场。宋神宗提拔他担任枢密使，他摇摇头，我病了，不去；宋哲宗继位，变法派失势，朝廷又请他担任枢密使，他依然摇摇头，我老了，不去。

最后，宋哲宗给了他一个太子少师的荣誉称号，同意了他的退休申请。

绍圣元年（1094年），冯京因病去世，享年七十四岁。看得开的人果然活得长。

虽然我的年纪小，可是我的功夫高

无论什么时代，真正的神童都是可遇而不可求的。在唐朝，如果各地报备参加考试的神童数量较少，报名人数达不到开考比例，就会暂时停办童子科。到了五代时期，大多数人流离失所，无处安身，饭都吃不饱，更别提识字读书了。没有公平的考试制度，读了也是白读。读书的权利与条件又掌握在了贵族与豪门的手里。宋朝统治者觉得这样不行，我们举办考试的目的就是选拔更多有才华又对皇帝忠心耿耿的底层人。可怎么刺激大家从小读书的热情呢？

于是，他们极力抬高童子科的地位，而且小孩儿可塑性强，能够和皇帝一条心。所以，宋朝初年，有不少童子科出身的人都受到了重用，有些还成了宰相。大家一看，平民百姓家的小孩儿只要认真读书，好好学习，就能"咸鱼翻身"。而且童子科的考试相对简单，能够早早走进官场拿工资。于是，天下人越来越重视孩子的教育，只要家里出一两个神童，考中童子科，家族的档次就会被瞬间拉高。

凡是年龄在十五岁以下，能够背诵儒家经典、吟诗作赋的儿童，就可以被州官举荐到朝廷，经国子监、中书省考核合格之后，由皇帝亲自出题测试。优秀的人可能会被直接任命为官员。

宋朝出现过几个非常厉害的神童，其中最有名的便是晏殊。

晏殊出生在抚州临川县（今江西省抚州市），十四岁的他就以神童身份顺利通过了童子科的考试。他不仅一路过关斩将，而且语出惊人，表现抢眼。在考场上，看着熟悉的考题，这不是我平时刷过的题吗？赢得轻松，没意思！于是，他对宋真宗说道："这道题我已做过，为了公平起见，请您换个题目吧！"

宋真宗笑了，别人碰对了题，偷着乐还来不及呢！不错，不错，神童不仅神，还这么真！根据考试成绩，皇帝赐晏殊同进士出身（因为不是正规的进士出身，属于进士的同等待遇）。

天才嘛！就不用经过层层的考试了，直接晋级，赶快培养。宋真宗任命晏殊为秘书省正字（类似于皇家图书馆的编辑，秘书省是古代专门管理国家藏书的中央机构）。

当别的同事下班以后沉迷于玩耍游乐，晏殊却在家里用功读书。

宋真宗知道后，大力称赞，小伙子挺有刻苦精神，做太子的伴读小书童很合适。太子的同学前途极好，未来就是新皇帝的"拜把子兄弟"。很多人拼尽全力都得不到的机会，却被晏殊得到了。

宋真宗解释说："我为什么选晏殊呢？因为大家追求享乐

的时候，他却闭门读书，陪读太子再好不过，榜样的力量是无穷的嘛！"

晏殊却摇了摇头："我并非不喜欢出去玩，只是家里太穷，玩不起啊！如果有钱，我也许不会躲在家里了，谁不想逍遥快活呢？"

嘿，够坦诚！

当年考试主动要求换题还有作秀嫌疑，现在看来，这孩子是真老实啊！从此宋真宗和宋仁宗对晏殊特别放心。

在晏殊之前，还有个比较有名的神童。

在他出生的时候，家人就给他打造了"神童"的人设，那就是皇帝、名人出生时候常用的伎俩——伴随着神奇的梦或者自然现象，他们降临了。据他的祖父杨文逸说，在孙子出生前，他梦到了一个道士，自称是怀玉山人，前来拜访杨家。梦醒了，孙子也出生了，但是他全身长有很多长毛，看起来像个猴子，几个月过后，长毛竟然神奇地脱落了。等到他刚会说话的时候，母亲就教他儒家经典，没想到小朋友随口就能背诵……

这样的传说，大概率是家人们精心编造出来的，为了提高孩子的名气，尽早被人举荐参加童子科考试。但是，这个小孩儿聪明刻苦倒是真的。七岁的时候，他便能写文章，情商也很在线，与家中客人谈话的时候，从容淡定，像个小大人。

经过家人们十年的"营销推广"，小孩儿的名气渐渐打出去了。宋太宗听说后，就派江南转运使张去华前往测试小孩儿的真实水平。只见小孩儿拿起笔，一阵刷刷刷，诗词歌赋瞬间完成。

张去华竖起大拇指：跟我去考试！

来到京城，面对皇帝，小孩儿依然不慌不忙，五篇诗赋，下笔立成。其中一首《喜朝京阙》更是惊呆了众人："七闽波渺邈，双阙气岧峣（tiáo yáo，山高峻貌）。晓登云外岭，夜渡月中潮。愿秉清忠节，终身立圣朝。"

宋太宗笑了，既然你想尽忠，我就让你高中。

十一岁的神童杨亿成为秘书省正字。之后，他的仕途还算顺畅，一路升迁。

他干了两件事，轰动一时，在历史的长河里留下了浓墨重彩的一笔。

一是主编《册府元龟》。因为他自小带着神童光环，记忆力超群，皇帝任命他参与编修《太宗实录》。后来，宋真宗让杨亿主持宋朝初年特大型文化工程——编写《册府元龟》。"册府"是帝王藏书的地方，"元龟"是大龟，古代用来占卜国家大事，预测吉凶。这部书的用意就是要把历代君臣的事迹收集整理到一起，为后世的帝王治国理政提供借鉴，看清国家的未来发展方向。杨亿与王钦若、孙奭等"十八罗汉"一起"创业"，共同编写，从上古一直到五代十国，能收集的尽量收集。然后按照人物的阶层与身份，分门别类，先后排列。经过"八年战斗"，有一千卷之多的大部头书籍——《册府元龟》终于编成了，与《太平广记》《太平御览》《文苑英华》合称"宋四大书"。

二是推出"西昆体"。杨亿在编修史书的时候，业余时间也会与好朋友们在一起放松放松。文人在一起喝酒聊天，没有诗词怎么能显示品味呢？

他和刘筠、钱惟演等十几位文人官员仿照唐朝李商隐、温庭筠等人的风格写诗作赋，喜欢用华丽的辞藻和严格的声律，最终越写越多，编辑成册，叫作《西昆酬唱集》。这些诗词写得犹如飘在天空的仙女，乍一看，漂亮，高贵，拥有超高"抬头率"，但是仰视的时间长了，难免腰酸脖子疼，还是觉得小家碧玉接地气。

我们来看看杨亿的一首《无题》："巫阳归梦隔千峰，辟恶香销翠被空。桂魄渐亏愁晚月，蕉心不展怨春风。遥山黯黯眉长敛，一水盈盈语未通。谩托鹍弦传恨意，云鬟日夕似飞蓬。"有点儿类似李商隐无题诗的风格，但对普通人来说，读《无题》，会感觉很无语。看似很华丽，实在看不懂。

可谁让人家是成功人士、朝廷高官呢？

他们就是流行时尚！他们就是"高大上"！

朝廷的公文、奏章也盛行这种文风，讲究形式与对偶，看起来气势磅礴，读起来音律和谐。在唐朝被韩愈、柳宗元领导的古文运动压制下去的形式主义骈文又重新抬头。刻意追求"高大上"占据了主流市场，进而影响了科举考试的文风。

在宋朝初年，进士科考试的内容跟唐朝相似，第一场考诗赋（根据题目与韵脚创作几首诗赋），第二场试论（命题的议论文），第三场试策（就时事政治，发表见解看法与解决方案），第四场试经义（帖经和墨义的合称，填空题和简答题，默写和阐释儒家典籍的词句），逐场定去留，诗赋写不好，后面别想考。诗赋依然成为文人们学习的重点和社会的热门关注点。

一时间，想要科场拿高分，必须认真学"西昆"。天下文人纷纷效仿，以此为荣，追求形式主义。

杨亿也经常告诫学生和属下，写文章要尽量避免方言俗语，看起来得典雅华丽一些。有一天，他拟了一篇奏章，里面有句话："伏惟陛下德迈九皇。"有个学生一听，"德迈九皇"读音很像"得卖韭黄"，老师不是说不用民间俗语吗？这听起来很像街上菜贩子的吆喝声："卖韭黄了，卖韭黄了。"于是那个学生开玩笑地说道："老师，您卖完韭黄，什么时候卖生菜呢？"

杨亿一听，哈哈大笑，我天天喊着不要用俗语，这个读音却听起来俗得不能再俗了。他立即把原来的词改掉了。

虽然他不喜欢用俗语，不过民间口语在他手里也能写出一些高雅的味道，比如《咏傀儡》："鲍老当筵笑郭郎，笑他舞袖太郎当。若教鲍老当筵舞，转更郎当舞袖长。" 傀儡指的是木偶戏中的木偶；"鲍老"是宋代戏剧中的角色；"郭郎"是戏剧中的丑角，这里指木偶。鲍老笑郭郎，你的衣服太大，根本不配你的身体嘛！看你那快要拖到地上的长袖子，太搞笑了。然后诗人话锋一转，你别老笑别人，你要是上去表演，穿上衣服可能更搞笑呢！

杨亿在当时影响很大，随口就能对出绝对、妙对，随手就能写成文章、诗词，被文人们称赞为大宋开国以来第一文豪。

有一天，寇准出了一个上联："水底日为天上日（水底下的太阳是天空中的太阳）"，众人你看看我，我看看你，都对不出下联。正好杨亿过来了，来，杨大人，帮我们填个下联呗！

杨亿眼睛一瞟，脱口而出："眼中人是面前人（眼睛里面的人是面前的人）。"

一帮大叔们纷纷竖起大拇指，好对子，曾经的神童依旧很神！

他不仅很神，还很正。

有一年，他担任科举主考官。考前，家乡的人都前来跑关系，让他开个后门，行个方便，哪怕透露点儿内部小道消息也好啊！杨亿的脸上瞬间黑云密布，站起身来，甩下一句话："打住，省省吧！"然后甩开衣袖，飘然而去，留下了一脸"蒙圈"的乡亲们。

既有才华，又有性格，更有品格，一时间，杨亿成为天下人的"偶像"。

但是，人红是非多，后来王钦若、丁谓等小人当政之后，处处排挤贤能，加上杨亿又反对宋真宗搞求仙造神运动，所以后半生过得有些郁郁不得志，在四十七岁的时候就去世了。

童子科可以提前发现神童，但是太聪明的人过早进入官场未必是好事。

北宋真宗时期，福建福清地区，一户蔡姓人家正在办寿宴。隔壁邻居之中有个文人，写了一首故作文雅、晦涩难懂的祝寿词，当众念了一遍以后，大家你看看我，我看看你，脸上只有几个字——好高深哪！可我们听不懂。

结果，蔡老爷不到三岁的儿子开口说话了，竟然将祝寿词一个字不落地背下来。乡亲们张大了嘴巴，文人瞪大了眼睛，原本今天想表现一下才华，却被三岁毛孩子抢了风头。他对蔡老爷建议，你这孩子骨骼清奇，天赋异禀，乃是万中无一的读书奇才，赶紧把他送到京城参加童子科考试，不然，人才浪费了太可惜了。

蔡家人点点头，这个可以有！他们赶紧抱着孩子，跋山涉水，来到京城，瞬间刷新了考生年龄的最低纪录。宋真宗看着走路都还不太稳的小不点儿，笑眯眯地出了几道题，没想到小孩儿竟然对答如流。一问年龄，三岁不到。宋真宗更加高兴了，这不就是祥瑞下凡吗？这不就是盛世征兆吗？看来我治国理政的才能一等一，进入盛世得人心。别走了，留在皇宫，重点培养。

宋真宗特赐小孩儿进士出身，授予秘书省正字，让他留在东宫，和另外一位神童——晏殊一起陪同太子赵祯（后来的宋仁宗）读书。

三岁小孩童名扬全天下，他的名字叫蔡伯俙。

可是，随着年龄的增长，又长期身处宫廷，懵懂幼稚的小蔡蔡变成了圆滑世故的大蔡郎，对太子一味讨好逢迎。有时赵祯贪玩忘了学习，"同学"晏殊极力劝阻，太子殿下，还是以学业为重啊！而一旁的蔡伯俙却与太子打成一片，没事，要玩就得尽兴。

有一次，宋真宗要来检查太子的作业，赵祯玩得忘记了时间，情急之下，他要两个伴读小书童代自己写作业。晏殊坚决不干，这是作弊！蔡伯俙却立即行动，我来搞定。平时，蔡伯俙看到皇宫的门槛太高，太子跨不过去，他就主动趴在地上做"人工桥"，让太子踩着他的背部走过去。牺牲我一个，服务独一家。

对未来的皇帝，他是百般逢迎。

宋仁宗即位，蔡伯俙信心满满，该轮到我上场了吧！

可是，仁宗只重用了晏殊，却没有重用他。蔡伯俙一头雾水，我之前那么低三下四地侍奉您，怎么如今只给我一个不起眼儿的闲官？晏殊是神童，我就不是吗？

不行，我得讨个说法，他向昔日的小伙伴提出了自己的疑问。已经成熟的赵祯道出了实情，以前我不懂事，贪玩，作假，晏殊冒死阻止我，你却一味迎合我。如今我已是天子，需要德才兼备的人来协助治理天下。你，还差点儿火候！

蔡伯俙的脸涨得通红，哎呀，马屁拍错地方了！

不过，宋仁宗也没亏待这位多年伴他读书的"同学"，也让他担任了地方官职，只是一直没有重用他。

太精明世故的人并不一定就是有智慧的人。

到了宋徽宗时期，有个叫黄泳的神童，六岁便能诵读《春秋》和《史记》，八岁进京参加童子科考试。宋徽宗亲自测试，让黄泳背诵《诗经》，当背到"如月之恒，如日之升。如南山之寿，不骞不崩"时，黄泳私自将"不骞不崩"改为"不骞不坠"。

宋徽宗笑了："小朋友，你读错了，应该是'不骞不崩'。"

黄泳不慌不忙地解释道："作诗的人不知道避讳，不知者不罪，现在我在您面前，怎么能直言不讳呢？"古代皇帝的死叫"崩"，在考试中，考生们要根据具体的需要，碰到不该用的字，就要修改。这不是普通的文字游戏，而是为了维护森严的等级制度。在说话、写文章的时候，遇到皇帝或者尊亲的名字，你不能直接说出来或写出来，这个字是上面人用的，你用就是冒犯，意思是让你时刻保持清醒，谁才是老大，也为了避免文人百姓利用名字对大人物进行明嘲暗讽，降低君王或领导的威严。好比皇帝的衣服使用黄色，其他人要是穿黄色衣服，上面再绣条龙，你全家就等着砍头见阎王吧！

宋徽宗点点头，不错，不错，小黄知书达理，懂得世故，可以重点培养。

黄泳虽然顺利踏入官场，但是，并未在历史上留下浓墨重彩的一笔。

童子科相对科举、制举要容易得多，导致很多家长急功近利，拔苗助长，找人代写诗词，逼着孩子背书，到处打广告、做营销。要么将孩子包装成神童的样子，要么带着孩子"四处走穴"，让不少原本优秀的儿童失去了方向，也失去了用功的动力。王安石写的《伤仲永》便是反映了当时人们在神童培养上的误区。因而，童子科并没有成为科举考试的重要形式，而且随着进士科地位的提升，童子科不再受到统治者的重视。

宋朝科举，除了固定时间举行的进士科、诸科及童子科，还有不经常举行的制科。和唐朝一样，制举大多是皇帝心血来潮临时组织的科举考试，时间不固定，科目也不固定，成绩突出的人可以马上入编任职。对在职官员和待编进士来说，制举相当于跳跳板，升职加薪不是梦。

比状元还牛的顶级考霸

制举科目繁多，名字也很"奇葩"。有的科目平民百姓也可以直接参加，如高蹈丘园科、沉沦草泽科、茂材异科等；有的科目在职官员或有进士身份的人可以参加，如贤良方正能直言极谏科、博通坟典明于教化科、才识兼茂明于体用科等。

宋朝的制科远远没有唐朝那么频繁，但是质量特别高。刚开始这科也只考一场，从宋真宗咸平三年（1000 年）以后，分为阁试和殿试。阁试由学士院（一般指翰林院，专门起草皇帝机密诏制的重要机构，在院任职与曾经任职者，被称为翰林官，简称翰林）主持，考生先将日常作品送到翰林学士院审查，合格的人才有资格参加阁试，主要考论，一场论有六篇"议论文"，每篇最低五百字。出题范围特别广，需要考生有丰富的阅读量和广博的学识，否则，你连题目都看不懂。

题目的范围一般是《论语》《孟子》《国语》《荀子》《杨子》《管子》《文中子》以及正史等书中的内容及注释。还分明题和暗题，明题就是从这些书中摘录一两句话，或者稍微改动下字词，考生必须写出考题的出处，并写出上下文，如果连题目都不清楚，考试铁定没戏。暗题的难度就更大了。所以，想要把题目看懂，你得把出题范围内的书都背诵下来。这还仅仅是万里长征的第一步。

六道题有四道合格为及格，及格的人又分为五等，排在第五等就没有资格参加接下来的殿试。学士院将前四等的考生名单呈送皇帝，准备殿试。

殿试考策一道，题目由重要官员或者宰相拟定，难度超大，成绩也划分为五等。第一等、第二等一般没有人能达到（也许是为了显示制科考试的难度与尊贵），第三等考生参照进士科一甲第一名，也就是按照状元的规格授予相应的官职，第四等参照进士科一甲第二名、第三名，也就是按照榜眼、探花的规格授予相应的官职。第五等参照进士科一甲第四名、第五名授予官职。

宋朝的制科考试物以稀为贵，考中者的地位瞬间高人一等，所以，录取率也特别低，总共只录取过四十一人（见房列曙《中国历史上的人才选拔制度》，人民出版社，2005年7月第1版，第203页）。而能拿到第三等成绩的考生，更是考生中的"大熊猫"，顶级考霸。纵观整个北宋，也只有少数几个人获此殊荣。

下面这个人，在进士考试中没拿下状元，却在制科考试中获得了最高等级。

一个晴朗的夏天夜里，有个出生在四川的少年，正在高声朗读着当时风靡天下的诗歌——《庆历圣德颂》，对诗中提及的范仲淹、韩琦、富弼、欧阳修四位"大哥"充满了敬佩。他望着天空的明月和漫天的繁星，如果将来我能像他们一样，该多好？

此刻的他怎么也想不到，长大之后，他不仅成了"大哥"，还成了"超级大哥"。

嘉祐二年（1057年），少年已经长成了青年，在父亲的带领下，跟弟弟一起去参加科举考试，主考官正是大名鼎鼎的欧阳修。青年参加了礼部进士科考试，总共有四场：第一场试诗赋，第二场试论（类似于议论文），第三场试策（类似于申论），第四场试经义（类似于现在的填空题）。

他在第一场诗赋考试中，成绩很一般。但在第二场考试中，他写的《刑赏忠厚之至论》犹如"黄河之水天上来，奔流到海不复回"，有理有据，辩才无双，震惊了批卷的考官们。欧阳修以为是自己学生曾巩的大作，为了避嫌，他将这篇文章评为第二名。

第三场考试的成绩没有历史资料显示他得了多少名，估计中等偏上，第四场经义题得了第一名。综合四场成绩，青年人顺利晋级。如果按照唐朝和宋朝初年的考试要求，诗赋比重最高，逐场定去留，他这一次肯定会落榜。幸好他在科举考试制度改革完善后的宋仁宗时代。

宋朝初年，进士科考试题目和唐朝差不多，试诗、赋、论各一道，策五道，帖《论语》十帖，对《春秋》或《礼记》墨义（名词解释题）十条。先考诗赋创作，后考议论文写作，再考儒家课本知识的填空和名词解释。诗赋和唐朝一样，也是重点，这道题考不好，最先被淘汰。最终评定合格者的总成绩的时候，也是以诗赋题的分数为主。所以，宋朝初年，文人们还是比较重视诗赋写作的。

但是，这样的考法在唐朝已经考了几百年，能考的都考过了，有些考生只要背诵前人的诗赋"范文"，稍加模仿，就有可能比刻苦读书的人考得好。而且会写诗的人未必能治理好国家，所以，众人纷纷呼吁改革。

于是，宋仁宗天圣五年（1027 年），朝廷开始改革科举考试的方式与内容。不只以诗赋题的成绩决定考生的去留与名次，而要参考策和论的成绩来定。庆历四年（1044 年），朝廷又改革了考试的顺序：第一场试论一道，然后试策，最后考诗赋各一首，废除帖经和墨义，最终以策论的成绩定名次，主要考查考生们对天下大事的看法与见解。庆历新政失败以后，考试的题目又恢复到宋朝初年的形式，但是策论的成绩已经成为是否录取的关键。所以，宋朝文人们特别重视散文尤其是政论文的创作，"唐宋八大家"六家都在宋朝，也是被考试刺激出来的。

这一次，年轻的考生险胜。

考试张榜之后，欧阳修才发现《刑赏忠厚之至论》的作者叫苏轼。他感叹地对好友梅尧臣说道："这孩子以后肯定名扬天下，若干年以后，没人会记得欧阳修，只记得苏轼了！"

如果他要是在宋朝初年，以诗赋论英雄，大概率是要落榜的。

有人可能很惊讶，诗词创作的天才怎么连第一场诗赋题也写不好呢？很简单，你让著名作家去写高考作文，未必能得高分。诗赋题讲究严格的押韵和形式，一个押韵弄错，就会不合格。

当苏氏父子三人名震京城的时候，家乡噩耗传来，苏家幕后英雄、苏轼的母亲——程氏病逝家中。父子三人日夜兼程赶回老家。在封建社会，父母或祖父母死去，子孙辈必须停止一切娱乐活动、交际应酬，做官的人也得自动下岗，在家守孝，这叫守制或丁忧。

守制期满，苏轼被授予河南府福昌县主簿，苏辙被授予河南府渑池县主簿，都是县里一把手的小助理。因为他俩在进士科考试中成绩并不靠前，所以只能从小地方的基层岗位干起。

两人有点儿不服气，要为自己的智商讨个说法。他们暂时没有去赴任，而是在欧阳修的举荐下，积极准备参加嘉祐六年（1061年）的制举考试。

在宋朝，制举宽进严出，难度极大。苏轼、苏辙参加的是贤良方正能直言极谏科考试，苏轼获得第三等（朝廷录取考生的最高等级，一、二等虚设）。苏辙这次本来也可以进入第三等的，但是他犯了个读书人经常犯的错误，不经调查就随意批评时政。

他在试卷里写道："我在路上听人说，如今的宫中美女数以千计，皇帝终日里歌舞饮酒，纸醉金迷，既不关心老百姓的疾苦，也不跟大臣们商量如何治国安邦。"文章不仅对宋仁宗展开强烈的批评，还把朝廷的大臣、各个机构工作人员通通骂了个遍，引来了一大堆唾沫星子。朝中大臣围绕这篇文章进行了激烈的讨论，大部分自尊心受挫的官员认为苏辙这个家伙嘴巴放空炮，对皇帝大不敬，不杀他就不错了，怎么可能还录取他呢？而以司马光为首的少部分人认为苏辙的文章文采飞扬，应该列入第三等。

宋仁宗看着这篇把他批得体无完肤的文章并没有雷霆大怒，虽然文章里说他好色享乐的事情并不完全属实。自从亲政以来，他勤俭节约，积极改革，哪有时间像苏辙说的那样天天抱着美女饮酒作乐？

但是，他并没有责怪年轻人，而是冷静地对大臣们说："我设置制科考试，就是希望看到读书人的心里话，敢说敢骂才算符合这次考试的要求嘛！如果我现在不录取他，追究他胡言乱语的毛病，以后还有谁敢说真话呢？"最后，为了平息众怒，考官们将苏辙的文章列入第四等。

兄弟二人又完成了不可能的任务，联合表演了一次"凡尔赛"式的炫耀。当然，如果不是遇到胸怀宽广的宋仁宗，他们估计只能到阎王爷那里炫耀了。

通过难度极高的制科考试，苏轼被授予大理评事、凤翔府签判。根据宋朝的官制，"大理评事"是"官"，"签判（协助地方长官处理政务）"是"差遣"。他干起了市长助理。

在凤翔任职三年多，苏轼回到中央进入直史馆，编修国史。这是很多文人梦想的职业，既可以借工作名义读书，还可以点评历史人物。可惜，苏轼的妻子王氏、父亲苏洵相继去世，他又回到家乡守丧。

等他回到中央，已经是宋神宗熙宁二年（1069年），全国上下在王安石的领导下，开展了轰轰烈烈的变法运动。由于急功近利、过于冒进、用人不当等，朝廷在推行变法的过程中出现了一系列的问题。

连欧阳修、富弼、韩琦等庆历新政的元老们都纷纷出来指责王安石，年轻的苏轼也写了《上神宗皇帝书》《再上皇帝书》，集中火力"炮轰"变法。

朝廷上开始了无休止的斗争，今天变法派抓反对派的小辫子，明天反对派挑变法派的小毛病，大家摆出不战胜对方不罢休的姿态。

唉，太吵了，争来争去，连续上书，皇帝还是不放弃变法，那就走人吧！苏轼请求外任。宋朝官员的工资高，补贴多，待遇好，拿着工资到地方上潇洒，懒得跟你们费口水。

苏轼去了杭州担任通判（不仅可以处理政务，还有监察地方官员的职责），又相继在密州、徐州、湖州三地担任知州（类似于市长），有权有钱又有闲！他一边工作一边旅游一边创作，每个地方都留下了他的最美诗词与文章。

在北宋能与苏轼一样，在制科中获得第三等成绩的，还有一个顶级考霸。

一天，大文豪欧阳修正在仔细欣赏一幅古画。上面是一丛牡丹花，花下蹲着一只猫。大家都说这幅画好，可是到底好在哪里呢？欧阳修也弄不清楚。恰在此时，仆人来报，亲家公来了。

嘿，来得正好，亲家公，帮我看看这幅画到底哪里好？

欧阳修拉着亲家公的手，来到画跟前。

亲家公眼睛稍微一瞥，便看出了其中的门道，说："这是正午的牡丹花！画得很微妙！"

"正午？你是从哪里看出来的？"欧阳修不解地问道。

"你看，花中的牡丹枝叶好像有气无力，颜色又很干燥，这是花朵在正午阳光照射下的样子。如果是早晨或者傍晚的花，肯定带有露水，花心是聚拢的，颜色也很有光泽。你再看，猫的瞳孔缩成了一条线，猫的瞳孔在早晨和晚上都应该是圆的。在太阳照射的时候，瞳孔就会慢慢变得狭长，到了正午，就会像一条线一样。"

听完亲家公头头是道的分析，欧阳修恍然大悟，画家观察入微，实事求是，作品的确不一般。他又暗自佩服亲家公的眼力见儿，不愧是制科拿过第三等的人啊！

被欧阳修"点赞"的人叫吴育，在苏轼展示考试绝技之前，他已经是令众人惊呆的考霸了。

吴育是建州浦城（今属福建省）人，父亲担任过吏部侍郎。他从小就刻苦学习，在科举考场一路绿灯，曾在第二级的考试——省试中拿下了第一名，也就是会元。可惜，在殿试中，虽然成绩很好，却没能拿到状元。但是，他在后来的制举考试中，成绩名列第三等。

不过，能得会元，已经相当了不起了。所以，他一上来就担任了大理寺评事，后来又到基层锻炼，历任临安（今浙江省杭州市）、诸暨（今浙江省诸暨市）、襄城（今河南省许昌市）知县。

在襄城他做了几件震惊当地人的事情。之前常常有人借着政府的名义到处捞油水：这个是政府所需要的，拿走；那个是朝廷所需要的，带走。百姓们敢怒不敢言，官字两张口，随你怎么吼。刚上任的吴育做出重要决定，以后凡是官府所需要的东西，一律出具详细的数目与清单，需要哪些东西要写得清清楚楚，明明白白，采办人员、使者们不得借机索要财物。百姓们松了一口气，吴大人真是我们的大救星啊！使臣们憋着一口气，吴呆子，真是我们的大克星！

以前皇亲国戚、达官贵人的子弟们出去游玩，一帮人骑上马、放着狗，四处踩踏农田。农民们只能唉声叹气，你们玩儿得尽兴，我们晚上伤心，好不容易种起来的粮食就这么被糟蹋了。自从吴育坐镇襄城，纨绔子弟们在进入城池之前，都会相互提醒：老吴管理的地界到了，大家低调一点儿啊！

因为他们知道，吴育铁面无私，得罪他可是要吃不了兜着走。

升任开封府知府之后，吴育又烧起三把火。惩治当地一名横行霸道的官员，管你什么背景，滚出开封，流放千里。接着，他又经过暗自侦查，捕获一名关系很广的盗贼头目，依法处死。开封乃是皇亲国戚们的集聚地，任何敢于横行霸道的人背后或多或少都有权贵们的支持。在吴育执法期间，有很多人前来说情，劝他对盗贼头目小施惩戒，做做样子就算了。吴育却坚持原则，毫不畏惧，谁来说情都不行，犯法的人都不惩罚，那要法律干什么？要我吴育干什么？

一时间，"牛鬼神蛇"们都安静了，京城也成了百姓们心中的"平安城市"。

来到中央任职，吴育依旧一身正气。宰相的儿子向绶违法乱纪，被官员江中立揭发。向绶发怒了，敢在太岁头上动土？立即动用关系网，倒打一耙，反过来诬陷江中立。

江中立人微言轻，眼泪汪汪，为了家人的安全，最后上吊自杀了。

事情传来，吴育坚决要求朝廷处死向绶，这种人不杀不足以平民愤。最终，他的目的虽然没有达到，向绶逃过一劫，却也被判了个流放千里。在朝堂之上，就没有吴育害怕的人。为了真理，他经常和宰相贾昌朝当着皇帝的面争论，唾沫星子漫天飞舞，弄得周围一片荒芜。众人大惊失色，老吴啊，皇帝面前，你得收敛点儿！

宋仁宗也劝道："你疾恶如仇，很容易得罪人，有时也得谨慎一些嘛！"

吴育却不以为然，争论乃是我的职责所在，您么让我下岗，要么让我继续战斗。善恶就要分得清清楚楚，明明白白，否则，怎么能知道谁善谁恶呢？又怎么能够做到公正公平呢？

众人无言以对，算你狠！皇帝点头称赞，好好干！

对待恶人，像严冬一样冷酷；对待好人，像春天一样温暖。

有一年，山东地区出现了强盗，皇帝派钦差大臣前去巡视，大臣回来之后报告："只是小股盗贼，不足为虑。臣倒是觉得杜衍、富弼在山东为政，却受到了当地人的普遍爱戴，百姓们眼里只有这两个人，这倒是臣最担心的事。"

时任参知政事的吴育看出钦差大臣别有用心，杜衍、富弼之前和范仲淹一起推行"庆历新政"，虽然失败了，但他们也是一心为国，没有私心。你倒好，乘机落井下石，说他们在民间的影响力超过了皇帝，故意激起皇上内心的担忧。于是他说道："盗贼的确不足为虑，但小人趁机排挤德高望重的大臣，这就是令人担忧的事情了。"萧墙之祸，内部争斗，才是一个国家最大的忧患。宋仁宗明白了，小人的话不能信。

吴育在担任开封府知府的时候，和宰相范仲淹产生了矛盾，两人相互看不对眼。但是当他坐镇中央、范仲淹被贬地方的时候，每次范仲淹上奏的事情，总是被嫉恨他的当权者阻止，不管你所奏之事正确还是错误，我们都执行"三不政策"：不听、不看、不理。吴育却选择范仲淹奏疏中正确的、可行的建议予以坚决执行。咱们关系再差，我也不乘机找碴儿。

他的行为受到了皇帝的欣赏。宋仁宗点点头，小吴是个好同志！

大宋最牛的艺考生们

宋徽宗执政期间，将所有的心思都用在了搞艺术上，在崇宁三年(1104年)，还设置了培养绘画人才的专科艺术学校——画学，这是我国最早的一所官办美术学校。原本算学、书学等属于国子监教育体系，宋徽宗对国子监进行了机构改革，将这些科目分离出来进行对口管理，比如，算学并入太史局，书学并入翰林书艺局，而新增的画学隶属于翰林院书画局。

画学的招生没有等级限制，贵族或寒门子弟都可以参加，但每个人都必须要参加入学绘画考试。学生们在学校要学习六门绘画专业课：佛道、人物、山水、鸟兽、花竹、屋木。还要学习文化必修课：《说文》《尔雅》《方言》《释名》等。

学校里的学生分为三个等级：外舍、内舍、上舍。好比不同成绩的人分别入住不同等级的学生宿舍：一般条件的宿舍，中等条件的宿舍，最高条件的宿舍。学校经常组织考试，有"月考（私试）"和"期末考（公试）"。每年"期末考试"合格的人升级为内舍生，第二年参加"期末考试"合格以后，可以升级为上舍生。上舍生中成绩优秀的可以直接授官，或者进入翰林图书院，成为职业画家。宋代曾经在宋徽宗崇宁三年（1104 年）到宣和三年（1121 年）十七年的时间内，短暂废止过科举制度，完全在三舍法的基础上，用学校考试的制度来选拔各方面的人才。

但是，无论是担任官职，还是成为职业画家，画学出身者的官位和地位都不高，升职潜力有限。所以，贵族子弟们一般都不太愿意进去。不过，对于大部分没有背景、没有工作的民间画工技师来说，翰林图画院工作稳定，收入不错，还地处大城市，闹中取静，牛人众多，简直是天上人间。

画学考试按题材分为佛道、人物、山水、鸟兽、花竹、屋木等六个方面，然后摘录对应的古人诗句为题。比如山水方面，出个题目："野水无人渡，孤舟尽日横。"看谁画得好、画得妙，看你怎样表现出诗句中的意境和神韵。比如屋木方面，出个题目："深山藏古寺。"你直接画深山中的一座古寺庙，未必能得高分，如果画一个小和尚从山里走到小溪边打水，就会别出心裁，出奇制胜。

画学虽然存在的时间很短，随着北宋的灭亡而消失了，但是它大大促进了宋代绘画的繁荣。我国古代的十大名画，其中两幅就出自这个时期。

在画学中，有个叫王希孟的学生一开始并不显眼。他夜以继日地学习，按部就班地画画，通过了各级考试。也许是因为专业课成绩不是特别突出，他一开始并没有进入翰林图画院，而是被分配到了禁中文书库（类似国家档案馆），成了"档案管理员"。

但画画是他的兴趣，枯燥的档案、烦琐的抄写让他心生厌烦，他就不断给皇帝献画。宋徽宗虽然在治理国家、识人用人方面表现不佳，但在鉴赏艺术方面极具天赋，一眼就看出了小王的潜在能力，这孩子画画虽然不得法，但是可以重点培养培养："其性可教。"

于是，赵佶亲自给王希孟上起了"一对一"私人订制辅导课程。线条怎么画，墨汁怎么点，结构如何搭，意境如何显……一旁的王希孟认真做笔记，反思勤总结。很快，他的绘画技术突飞猛进。

十八岁的小王暗暗发誓，他要创作一幅惊天动地的图画。他常常跑到庐山，坐在山顶观看千里之景；又时时畅游鄱阳湖，乘着小船感受烟波浩渺。用笔画下了轮廓，用脑记下了构造。回来以后，闭门苦干，花了半年时间，完成了一幅《千里江山图》。

看到画的宋徽宗犹如发现了久违猎物的狼，死死地盯着作品，好图画，好徒弟！既有波澜壮阔的江河，绵延起伏的群山，也有清晰可见的小鱼，缓缓行驶的游船。尤其是那飞鸟，轻轻一点，尽展翱翔之势。

有静有动，栩栩如生。

可惜，在完成《千里江山图》之后，王希孟就销声匿迹了，有人推测他死于重病。可能是长期埋头作画，消耗了他的身体。但是，他的名字却永远留在了人们的心中。

在翰林图画院，另一个考霸型画工，以谜一样的身世，留下了谜一样的作品。

他出身贫寒，长大后，一个人来到京城开封游学，这里的繁华超过了他的想象，车水马龙，人流如织。大街上，有坐轿子的，骑马的，挑担的，拉毛驴的，推独轮车的，卖小菜的，等等，各色各样的人，各个民族和国家的人，操着各种口音和语言。开封简直就是个"国际化大都市"，要啥有啥，吃喝玩乐一条龙。

他下定决心要在这样的地方扎根下来，"买房娶妻"。于是，他一边读书，一边打工，长期混迹于社会底层，走遍了京城的边边角角。哪里有卖茶水的，哪里有算命的，哪里有当铺，哪里有作坊……他都一清二楚。

闲暇时，他会在汴河旁看看风景，到郊外欣赏春光，漫步拱桥看游船，喝着小酒听歌曲……他认识了各行各样的人，纤夫、货郎、铁匠、生意人、小书吏、送货者、修脚工……

众人的一颦一笑，一举一动，都刻在了他的脑海中。

也许是因为通过读书改变生活的速度太慢，也许是因为朝廷取消了科举考试，也许是因为个人爱好，也许是因为想走捷径，他开始学习绘画。史书没有记载他在哪里学画，也许是在画校，跟着老师学习；也许是在民间，跟着画工们讨教。没想到，他越画越有兴趣，越画越有动力。他有了新的奋斗目标——考入翰林图画院，端上皇家铁饭碗。

他应该仔细研究过考试的内容与方式，以诗作画，要有创新；

也应该研究过当朝皇帝的喜好与要求，逼真客观，自然生动。宋徽宗要求画师们既要画得像，又要画得妙。他曾经亲自对画家们进行指导，有人画孔雀上坡的时候先抬了右脚，被他教训了一顿。因为根据他的观察，孔雀上坡的时候，一般先抬左脚。画师们惊呆了，皇帝陛下观察得太细致了。

宋徽宗甚至亲自上阵做示范，画过鹤的二十种不同角度的姿态。

所以，翰林图画院的画家们在写生方面丝毫不敢马虎，观察再观察，分析再分析，既要画出逼真的外形，又要画出内在的神韵。

那个年轻人明白，想要进入图画院，必须在客观描绘的基础上形成自己独特的风格。在绘画手法上，他选择了以往很多名家不屑的界画：用界尺（类似于现在的各种尺子）引线，依靠辅助工具，力求一比一高度还原看到的每一处风景、建筑和人物。在入画内容上，他选择了自己最为熟悉的舟车、桥梁、市井人物、街巷郊区等。

既有文学功底，又有绘画技巧的他，顺利通过了翰林图画院的"招聘考试"。

在图画院，不仅能欣赏到历朝历代的名画，还能遇到五湖四海的高手，甚至可以看到自带艺术气质的皇帝莅临指导。宋徽宗会亲自给大家布置绘画任务，要求极为严格。他的喜好就是大家创作最重要的方向。

年轻人准备画一幅京城开封的盛世风景图。白天，他漫步街头巷尾，记下每一个"特写镜头"；晚上，铺开长长画卷，还原每一处人物风景。画呀画，描啊描，腰酸背痛腿抽筋，眼睛干涩手指僵。经过多年的努力，一幅如实记录东京（开封）市民生活场景的巨幅画呈现在了宋徽宗的面前。

一向对艺术品带着超高挑剔眼光的皇帝也不淡定了，厉害！高手啊！我自己都不知道我们开封城这么美！我治下的国家这么强！画中的汴河里千帆竞发，两旁熙熙攘攘，大家趁着节日出来游玩踏青，购物消费。到处是繁华，到处是风景。哈哈！自古以来，有哪位皇帝能让老百姓过得如此富裕？如此安逸？

自我陶醉的宋徽宗用他那独特的瘦金体为巨幅长卷题下了五个字——清明上河图。

从此，张择端的名字名垂青史。

临时聘用人员也能成为风云人物

元朝高级官员的子弟们基本凭借"怯薛"入仕。怯薛是禁卫军，人数基本维持在一万多。一般由三品以上的文武官员的子弟们担任。怯薛按照春、夏、秋、冬四个季节轮流当差，保卫皇帝，所以又称"四怯薛"。统帅由元太祖成吉思汗的"四大金刚"——博尔忽、博尔术、木毕黎、赤老温的后代们世袭把持，其他人根本没有资格担任。

怯薛组织从一开始就是安排贵族关系户的军队，也是国家重要部门的后备人才中心。怯薛歹（怯薛成员）不用经过"组织部门"的考核与选拔，直接由怯薛长官向皇帝推荐，然后担任各个部门的重要职位。元朝政府的重要官职基本上由怯薛歹包揽，所以举不举行科举，对元朝政府来说，没什么影响。蒙古贵族子弟们只要进入怯薛，就有大好前程在等着他们，还费什么劲去读儒家经典？做什么诗词歌赋？

高级职位有怯薛，那低级职位呢？高级官员只负责动嘴，具体工作还得有人动手。

在各级衙门中需要一些干杂活的基层工作人员，负责抄抄写写、跑腿传令等琐碎的工作。这些人被称作吏员，也就是小吏。在古代，官和吏是有严格区分的。"官"类似于是体制内的在编人员，吃着皇粮，旱涝保收；而"吏"类似于现在的外聘人员，地方政府各个机构人手不够，临时招聘人员前来跑跑腿，打打杂，抄抄写写，端茶递水。这样的人在唐宋时期是不可以参加科举考试的，即便再能干，也不太可能成为官。所以，想要参加科举考试的读书人不屑于从事这种工作。

然而在元朝，编外人员成了中下级官员的主要来源。除了被长官直聘、他人推荐，各级学校毕业的学生也可以担任吏员。干得好的、有关系的、拿钱疏通长官的，都可以得到提干的机会，混个七八九品官职不成问题。而这样的品级，在唐宋时期只有费尽九牛二虎之力通过科举考试的人，才有机会获得。

元代各级政府官员通过吏员途径选用提拔的人，约占官员总数的九成以上，所以有人说："我元有天下，所以共治，出刀笔吏十九。"

吏员来自五湖四海，通过简单的考试或者不用考试，就可以走马上任，所以他们的整体文化素质与道德水平堪忧，又怎么会抱有"先天下之忧而忧，后天下之乐而乐"的理想呢？只有"先天下之贪而贪"了。元朝的冤案特别多，跟这些没有经过系统培养、正规教育和层层考试的小吏们有很大的关系。

但是，任何行业都有可能出现顶级人才，在小吏的岗位上摸爬滚打，经过社会"考试"而成长为高级官员，也算考霸。

他出生在金朝统治下的北方地区，父亲通过考试，成为一名基层小吏。他从小就跟着父亲学习"小吏成长手册"，学习各种政府公文的写作、传递与归档等工作。金朝灭亡以后，他的家搬到了广平（今河北省永年区一带）。庞大的元朝机构急需各种基层干吏，熟悉公文及政府工作流程的他，顺利地进入了地方机关，做起了刀笔小吏。

由于他长得比较高大魁梧，额头上有红色的像两棵树一样的纹路，给人威武森严的感觉。模样有特色，手上有绝活儿，身上还有刚正不阿的气质，蒙古人也对他刮目相看。很快，他被提拔到中央，担任高级书吏。因为表现突出，又转为御史台的"都事"，成为御史台书吏的头目。虽然还是吏，但是段位不一样了。有机会接触大官甚至是皇帝，只要有才能，就会被发现。他也在不断地提升自我文化修养，发奋钻研儒家经典，光是阅读笔记就做了很多本。

不能做科举战场上的考霸，就做现实战场上的考霸。

渐渐地，他成了御史台不可或缺的人。有问题，找他；写公文，找他；打官司，找他……元朝很长一段时间内没有科举考试制度，很多官员都是从基层干部、"编外人员"中选拔。

这个业务能力突出、长相极具风格的人——何荣祖，很快进入了元世祖忽必烈的视野范围。

忽必烈点点头，这样一路从基层摸爬滚打上来的人才要重用。皇上一点头，更上一层楼。何荣祖被提拔为侍御史（御史台的高级官员。如果朝廷高官犯法，一般由侍御史报告御史中丞，然后上报给皇帝；如果中央机构的低级官员犯法，侍御史可以直接弹劾），成了小书吏们的职场天花板。

很快，他被派往山东，担任按察使（类似于现在的巡视组，负责地区范围内的巡察、官员考核、刑法等事务）。当时，忽必烈安排了两个亲信——乐实、姚演为"宣慰使"，负责开辟山东海上航道，向京城运输粮食。他曾经做出重要批示：任何官员，不得干涉宣慰使的工作。

这样的批示相当于尚方宝剑，干什么都能先斩后奏。

古代海上运输带有极大的不确定性，风暴随时会掀翻船只，留给水手们无尽的泪水和痛苦。为了显示政绩和逃避责任，乐实非但不去安慰水手，反而诬陷他们私吞官粮，要求他们赔偿。稍有不从，就是一顿毒打，关进监狱。很多水手欲哭无泪，我们真的比窦娥还冤，可是我们再怎么哭喊，也不会引来六月飞雪。前面只有一条路——死路。

面对这样不合理的规定，几任按察使都不敢说话，多一事不如少一事，皇帝的重要批示，谁敢违背？为了微不足道的小水手，何必得罪大官员呢？然而查明情况的何荣祖做出重要决定：将事情的来龙去脉写成报告，指出制度的不合理性，直接上奏皇帝。所有后果，我一人承担。

忽必烈看到了报告以后，立即下令：今后由于海难事故导致的官粮损失，水手免于赔偿。

大批水手、船员欢呼雀跃，何大人成了他们心目中的"男神"。

经过几任按察使的岗位锻炼，忽必烈向何荣祖伸出了橄榄枝，来吧，帮我一起管理天下！他任命何荣祖担任参知政事，相当于副宰相。当时朝廷掌权的是桑哥，此人因为善于理财，深受忽必烈的信任。他专门设立一个机构，名为理财，实则就是做生意。

如果政府官员参与做生意，那政府岂不成了敛财机构？百姓们岂不成了待宰羔羊？何荣祖上书请求关闭所谓的理财机构。可是忽必烈没有同意，他有自己的考虑，军队连年征战，统治区域越来越大，财政赤字也越来越大。手中没钱，心里很慌。

一次不同意，就来第二次；第二次不同意，就来第三次……

何荣祖感动了天，感动了皇帝。忽必烈终于做出了让步：同意关闭京城之外的理财机构。但是，京城大都附近的百姓才是桑哥理财政策的直接受害者。何荣祖继续上书，要关就一起关，何必留一个口子？

同事们纷纷劝他，何必呢？你一个汉人，不仅对抗蒙古贵族，还对抗皇帝，要不要命了？再说，皇帝都已经让步了，你差不多得了。何荣祖却摇摇头，在其位就要谋其政。

不能暴力抗法，我就消极怠工，不在公文上签字。

不到一个月，忽必烈从其他渠道得知了桑哥理财政策的危害，立即召见了何荣祖。既然你指出了失误，那就给个建议吧！不能光说不练假把式！

等的就是您这句话。实干派的何荣祖建议设立专门的审计机关，国家过紧日子，百姓才能过上好日子。这个办法得到了很多人的支持与理解，很快成为正式的制度。可是，桑哥不乐意了，你这家伙断了我的财路，我就断你的后路。一来二去，两人经常起冲突。何荣祖干起工作来，处处受阻。嘿，这样下去，我还当个什么官，不干了。世界这么大，我想回趟家。他以身体不好为由提出辞职。

忽必烈不舍得放走大人才：阿祖，别走了，我给你升职加薪。皇帝不仅给何荣祖颁发了"集贤大学士"的"荣誉证书"，还给他调整了工作岗位——尚书右丞。

既然你让我留下来，那我就要大干一场。得到皇帝信任的何荣祖开足马力，推行机构改革，建议朝廷特派专人对各地官员进行"绩效考核"。忽必烈点点头，这个可以有！懒政乱政要不得！于是，各地提刑按察司改名为"肃政廉访司"，按片区对各个州县进行巡视监察，直接向中央汇报。而中书省、御史台则对各肃政廉访司进行考核。从此，元朝建立了一套比较完整的监察系统。

基层小吏的生涯也让何荣祖明白，没有法律的约束，那些文化素质参差不齐的小吏们就会贪污受贿，制造冤案。必须要做到有法可依，有法必依。于是他制定并推出了元朝第一部成文法典——《至元新格》。

忙忙碌碌，鞠躬尽瘁，何荣祖却顾不得享受生活，没有购买豪宅大院，一直租房子住，钱财够用就好，这不仅仅是自律，更是智慧。出身卑微、没有背景的人想要一身正气，做点儿实事，很容易得罪一大批人，随时都有被人攻击而"翻车"的危险。只有自己毫无破绽，你才有可能对腐败和不公宣战。严格自律，才能严厉执法。

看到朝廷大员住着"廉租房"，忽必烈感慨万千，特意送了何荣祖大量黄金、白银，让他拿着钱，买房装修，添置家具。

但是，并不是每个"临时聘用人员"都像何荣祖这样博学正直。大部分人的素质低下，没有科举出身的人层次高，元朝统治者们也意识到了这个问题。到了元仁宗时期，经过广大文人的千呼万唤，朝廷终于恢复科举考试。但是录取率很低，殿试的最终录取名额控制在一百人以下，大大低于宋朝的录取数量。考试政策还带有明显的民族歧视色彩。

录取率再低，我也能杀出一条血路

　　有一个年轻人长得眉清目秀，天庭饱满，在众多庸庸碌碌的官员之中显得那么与众不同。虽然他的祖辈不少人都做过官员，但是到了元朝，很多汉族人受到排挤，他的祖父、父亲的官位都不高，到了他这一代，即便他智商很在线，过目能成诵，也没法儿参加科举。家族也不是蒙古贵族，进入不了核心权力层。但是因为他的祖上跟随蒙古人打过天下，因此也能拼一下爷爷和爹爹，他因此被推荐（类似于汉代的察举）为福山县学教谕（负责县里教育方面的一些事务，有点儿类似现在的教育局局长，但没多少实际权力），地位一般，待遇更一般。

　　他认认真真做好每一件事情，不抱怨，不抛弃，不放弃。有一年，蝗虫肆虐，到处闹饥荒。县令带着一批官吏们支援抗灾前线，便将县里日常事务交给了文化素质很高的教谕手里。结果，他在担任"临时代理县长"期间，明断是非，公平公正，把所有的工作处理得井井有条。百姓们私下感叹："唉，如果教谕做知县，我们就有福喽！可惜，可惜！"

在等级森严的元朝，汉族人是很难成为高官的。

皇庆二年（1313 年）十一月，一个振奋人心的消息传来。经过长期的斗争与妥协，元仁宗颁布了《行科举诏》，正式恢复被蒙古贵族废除多年的科举考试制度。身处福山县的教谕兴奋了，总该轮到我上场了吧！他仔细研究了《行科举诏》。元朝将人分为四个等级：蒙古人、色目人、汉人、南人，在考试的时候也会区别对待。进士科考试分为两榜，蒙古、色目人一榜，汉人、南人一榜。蒙古、色目人的考试题目比较简单，汉人、南人的比较难。就拿殿试来说，蒙古和色目人只写五百字左右的时务策，汉人、南人要写一千字以上。每等人录取七十五个，看似公平，实则很不公平，因为汉人、南人的考生数量远远超过了蒙古、色目考生，录取的名额却一样。

但是，对读书较多的人来说，胜算较大，因为"考试用书"和考试内容都大大缩小。以朱熹注释的"四书"为所有科举考试者的指定用书，以朱熹等人注释的"五经"为增试科目的指定用书。考试的题目只能从《大学》《论语》《孟子》《中庸》里出，并且以朱熹《四书章句集注》作为考试的辅导书和批卷的唯一标准。考生不能随意发挥，只能在朱熹观点的基础上进行解释、补充。

这位教谕信心满满地报名参加了科举考试。

延祐元年（1314 年）十二月，元仁宗任命汉人李孟担任知贡举，主持了元朝建立以来的第一次正式的科举考试。与元仁宗同年同月同日生的福山县学教谕一举夺魁，成为元朝第一位状元郎。

他的名字叫张起岩，元代著名政治家、史学家、文学家。

得到皇帝和上天垂爱的他在汉人难以抬头的元朝留下了灿烂的瞬间。经过短暂的基层磨炼，他很快升任为国子监丞，进入翰林院，兼国史院编修。在给去世的母亲守丧三年以后，张起岩被朝廷任命为监察御史。

在汉人地位很低的元朝，张起岩却能秉公执法，敢于斗争。中书参赞杨廷玉因为贪污受贿而被御史台的人逮捕，丞相倒剌沙发怒了，敢动我的人？让你们监察，只是做个样子，你们还想翻天吗？于是他纠结一帮蒙古贵族煽风点火，来一个倒打一耙，污蔑御史台的人欺君罔上，目无尊上。张起岩据理力争，朝廷设置御史台就是为了纠察百官失误的，职责所在，有何不可？广开言路才能有效地治理国家，怎么会是欺君呢？

刚正不阿的张起岩也赢得了几代皇帝的尊重。

元宁宗刚刚驾崩的时候，政局不稳。有人利用这个时机，制造谣言，说京城以南有大臣要谋反叛逆，弄得人心惶惶。朝廷派出调查团认真核实之后，发现只是个"网络谣言"。大家就没当一回事，一个假新闻，随它去吧！张起岩站出来，不行，谣言虽然止于智者，但是天下哪有几个智者？一旦放手不管，国家岂能安稳？散布谣言者，应当处死。

在他的坚持下，造谣者被处决。众人抹着冷汗长叹息，在老张面前，嘴巴不能乱动，事情不能瞎掰啊！一时间，整个"网络"干净了，想要造谣的人，总会不自然地摸摸僵硬的脖子长叹息，活得不耐烦，就碰张起岩。

在担任燕南廉访使（主持地方监察事务）期间，张起岩打击恶霸，雷厉风行，治理滹沱河，平息水患。因为廉洁奉公，品行端正，他平稳地走过了元仁宗、元英宗、泰定帝、天顺帝、元文宗、元明宗、元宁宗、元惠宗（也称元顺帝）等多个时代（元朝皇帝大多短命，比如宁宗即位不到两个月就去世了，而且因为内部政治斗争频繁，皇帝也不断更换）。

他的"工作简历"告诉我们，只要寿命足够长，打工人就会比老板强。

身处朝廷权力中心，又经常给各个皇帝讲课（担任经筵讲官，负责为皇帝讲解历史、政治及各方面的知识），自然知道皇宫里的那些秘史，加上他本人学识渊博深厚，张起岩成了行走的历史教科书。历代皇帝的那些事，他亲眼所见；历朝的典故知识，他信手拈来。修订前朝和本朝历史，非他莫属。

所以，张起岩接连修订了三朝皇帝的实录：《宁宗实录》《明宗实录》《文宗实录》，并且担任了辽、宋、金三史总裁官。对其他人写的稿子，他都会亲自一字一句予以修改。在修史的过程中，针对别人的争论和分歧，他从来不以官位来压人，不服来辩！你说得有道理，我支持你；我说得有道理，你服从。以德服人，以理服人。

修史、写史耗费了张起岩大量的精力和心血，六十五岁的他因为身体原因而主动辞职退休，回到家乡。四年后，他安静离世，留下了无数作品，却没有留下任何财产。

第三章 明清篇：这里面是甜蜜的忧愁

元朝科举虽然像闹着玩儿似的，没多少可以借鉴的地方，但有一点引起了朱元璋的重视，那就是考试的内容仅限于"四书五经"，注释仅限于政府认可的参考书。朱元璋明白知识分子的巨大作用，但内心深处也很猜忌他们。如何才能消磨他们身上的傲气，培养他们朴实与忠诚的性格呢？

不需要读很多书，也不需要吟诗作赋，我没读几天书，不照样做皇帝？文人一辈子翻来覆去读懂几本让人乖乖听话的书最好，唯有听话才能忠诚。朱元璋于洪武三年（1370 年）诏开科举，考试的形式与程序更加严密细致，考试的内容则仿照元代。

但是，经过一段时间的考试之后，朱元璋发现考出来的人也有一股子傲气和傻气。他又下令停罢科举考试，启用西汉时期的察举制度，由大臣们举荐人才，或者由他自己发现人才，直接提拔授官。可是，事与愿违，察举制早在汉朝末年就被事实证明并不是好的人才选拔制度，被举荐的人容易和举荐的大臣形成团伙，谁不会对赏识提拔自己的人感恩戴德呢？

于是，洪武十五年（1382 年），朱元璋又宣布恢复科举。但他没有立即开考，他要制定一个完善的考试制度和流程，让子孙后代们都能遵照执行。用制度来束缚住文人们的思想，延长他们学习和考试的时间，把他们终身困在科举考场和四书五经之中，头脑里少一些杂七杂八的想法。

经过漫长而认真的准备，反复权衡的考量，洪武十七年（1384年），朱元璋正式公布《科举成式》，对科举考试的内容、形式、出题、批卷、录取等各个环节进行了细致的规定。规定了考试的标准答案："四书"用朱子集注，《易经》用程朱和朱子本义，《尚书》用蔡氏传集古注疏，《诗经》用朱子集传，《春秋》用左氏、公羊、穀梁三传及胡安国、张洽传，《礼记》用古注疏。永乐年间又颁布《四书五经大全》，使之成为国子监和府州县学校的"统编教材"和科举考试的标准答案。考生答题的时候，千万不要"你以为"，而要"'圣人'以为"。

朱元璋整出了一套能培养顺从听话而又朴实厚道的人才的长期模板。出身草根的他明白科举是对抗世袭权贵们的核心武器，为了提拔对自己更加忠心的文人，也为了给底层人更多的机会，他特意规定"中外文臣皆由科举而进，非科举者勿得与官"，不参加统一科举考试的人不能给予官职。所有人想要做官，必须经过层层考试的选拔。

考试的公平性大大增强，录取的公正性也大大提高。

此后的明清科举考试大致延续了朱元璋的思路与规定，后人还在他的基础上创造了提升应试能力的模块化作文——八股文。

有人认为是朱元璋发明了八股文，非也！明朝初年并没有推行八股文，也没有对文章的形式做具体的规定。八股文是后来历代文人总结考试成功经验而逐渐发明的不会轻易"掉分"的文体，直到明朝成化年间，才逐步定型，并由政府大力推广。主要是用来作答第一场考试的四书五经题的，因为这场考试最重要，决定了考生的总体成绩。所以，大家都很重视第一场考试，慢慢摸索出了八股文的答题模式，考官也觉得这样的模板比较容易批改。于是，科举考试就统一规定用八股文了。

明朝科举考试程序和宋元差不多，每三年举行一次，分为乡试、会试、殿试三级，但明显的区别是考试更加规范，也更加烦琐，选拔的权利全部集中在了皇帝的手里。唐宋元时期，乡试的考试权在地方官手上，而在明朝，乡试、省试等主考官都由皇帝选派。

明朝的读书人被科举"蹂躏"的时间也更长了。他们先要参加县试、州试、院试三级考试，之后参加"童试"（三年内举行两次），应试者不管年龄大小都称"童生"。"童试"合格的人为生员，俗称"秀才"，可以取得进入公立学校学习的资格。在学校毕业考试（岁试、科试）中成绩优秀的人才能参加正式的科举——乡试，时间分别在农历八月初九、十二、十五。

考试的内容主要是以程朱注释为准的"四书"和"五经"。考试总共有三场：第一场，三道"四书"题（从"四书"的内容里出题，考生解释论述自己对"四书"的理解），四道"五经"题（从"五经"的内容里出题，考生解释论述自己对"五经"的理解）；第二场，一篇论（类似于现在的议论文），五道判案题（类似于司法考试题），一篇实用公文题（诏：帝王所发的文书命令；诰：帝王任命或封赠的文书；表：向帝王上书陈情言事的文体）；第三场，五道经史时务策（类似于现在的公务员考试中的申论）。

三场考试，以首场为重，首场的文章都要写成八股文。一般情况下，三篇"四书"经义题得到考官的赏识就可以中举了。大部分考生会在这个萧瑟的秋天，静静守候在发榜的地点，最后让秋风带走他们的痛苦与眼泪。乡试合格的人称为"举人"，范进中举就是参加这个级别的考试。

考上举人，理论上已经有了做官的资格，但也不是马上就有职位，你得等，得熬，熬到有人退下来或者因为贪污、得罪上峰等而被判被杀，有空位空编，你才能补上去，而且官职也不会太高。所以，大多数人会继续参加更高一级的考试——会试。乡试后的第二年春天，二月初九、十二、十五三天，会试在京城礼部举行，又称春闱。考试题目、内容、程序与乡试差不多。合格的人称为"贡士"，就有资格参加一个月以后举行的殿试。

殿试在奉天殿或文华殿，在会试名单公布后的两三天，大约在三月初一，成化八年（1472年）以后改为三月十五。皇帝亲自主持殿试，只考一天，内容为策问，最低一千字。主要考查考生对时政的看法与建议。

然后，朝廷按照成绩对贡士们进行排名，分为三个等级：状元、榜眼、探花等前三名选手列为第一等（一甲），称进士及第（优秀）；第二等（二甲）若干人，称进士出身（良好）；第三等（三甲）若干名，称同进士出身（及格）。

明朝读书人要经过童试、乡试、会试、殿试等各个层级的折磨，即便顺利通过每一级，也已经从"小鲜肉"变成"油腻大叔"，这还算幸运的。大部分人可能在某一级原地踏步好多年，从大叔变成了驼背老头儿。

明朝天顺以后，取士以科举为重，而科举又以进士为重，进士出身者为甲科，举人出身者为乙科。明朝有明文规定："科举必由学校。"只有学校出身的人才有资格参加科举考试，这样也大大刺激了学校教育的快速发展，大家都涌进学校读书。可是一年到头读的都是那几本书。

明朝科举只有进士一个科目，唐宋时期的明法、明算、明医等各种科目都被取消了，数学、天文、医学、法学等知识受不到重视。因为考试不考，学习的人也很少。

为了增强进士们的实际办事才能，朱元璋还想出了新花样——实习。

殿试发榜后，前三名状元、榜眼、探花直接入职翰林院。其他进士们不会立马做官，先要到中央各个部门做"实习生"，眼睛看、耳朵听、手臂动，仔细观察前辈们是如何干活的，如何上传下达与为人处世的。六部、都察院、大理寺、通政司等衙门的实习生，名为观政进士；翰林院、承敕监等衙门的实习生，称为庶吉士，这类人虽然比其他部门的进士晚三年做官，但是官职高，升迁快，前景好。而且明朝宰相级别的高官基本由翰林院的人担任，所以新科进士们会挤破头争做翰林院的实习生。

能考中进士的人，智商水平肯定不会低，又跟着那些在官场摸爬滚打的"老油条"和"人精"们后面学习观察，很快就能适应官场的游戏规则。所以，有了这一层历练，朽木脑袋也会上起"润滑油"。

到了清朝，满族人入关之前，根本没有实行过科举考试。但是入主中原之后，统治者们发现，科举是个收买人心、控制人心的好办法，把那些嚷着"反清复明"的人都吸引到考场上去，给你们帽子、位子和票子，看你们还叫不叫、吵不吵？

顺治元年（1644 年），清兵入关。在明朝科举制度的基础上，清政府又制定了更加完善的考试制度。顺治二年（1645 年）秋天，朝廷举行了第一场乡试。顺治三年（1646 年）二月，又举行了第一场会试。

清朝科举在照搬明朝科举形式与内容的基础上，也有细微的调整。首先，除了进士科，还有翻译科，这是专门为八旗子弟设立的考试科目，主要是考满族语和蒙古语等，考试题目相对比较简单。

其次，建立了复试和磨勘制度。复试就是重考。朝廷组织乡试合格的举人到京城、会试合格的贡士到礼部参加复试。磨勘就是朝廷组织专门官员对合格考生的答卷进行抽查审核，发现名不副实的，要予以严惩。这两项制度都是为了防止考官与考生串通作弊。

再次，乡试、会试考试的内容有了一点点变化。清朝一开始的考试题目和明朝一样，到了乾隆五十二年（1787年），朝廷规定：第一场考试内容为"四书文"三篇，五言八韵诗一首；第二场，"五经文"五篇；第三场，经史、时务策五道。这一规定成为清朝后期科举考试的固定制度，诗歌乃是新加入的题目。

最后，在殿试以后，针对前三名状元、榜眼、探花以下的进士们又设立了一场考试——朝考。考试通过的人才有资格进入翰林院"实习"，成为庶吉士。一开始，朝考没有固定的题目，到了雍正五年（1727年），朝廷规定朝考的内容为论、诏、奏疏、诗歌等。嘉庆二十二年（1817年），朝考定为论、疏、诗三道题，一直延续到清朝末年。朝考成绩一等的人，进入翰林院实习，其余的安排到中央和地方各个机构。庶吉士三年期满，还得参加翰林院组织的考试，根据成绩等次授予相应的官职。

也就是说，清朝的考生被考场"蹂躏"的次数又增加了，考试的难度也提高了。在层层的考试中，人的棱角和性格也会被渐渐地磨平，失去了闯劲儿和创新意识。

触摸着考试的天花板，
歌唱着悲伤的"窦娥冤"

明朝京城的刑场上，天空灰蒙蒙的，人心冰凉凉的。两个跪在地上的状元郎摇头叹息，他们悔恨地闭上了双眼，才华不仅可以当饭吃，还能把命丢。我们真的比窦娥还冤啊，下辈子再也不做考霸了。

张信，浙江宁波府定海（今浙江省舟山市）人，洪武二十七年（1394年）的状元，自幼博览群书，精通《尚书》《毛诗》，在别人羡慕的眼神中拿下殿试第一名。也许是好运气都被用尽了，担任朱元璋的"贴身顾问"（侍读学士）没几年，他就从考场来到了刑场，只能一声长叹，我一心为国，却无人为我，为什么，为什么？

陈安，福建闽县人，洪武三十年（1397年）的状元，因为能诗善文，被称为"闽中十才子"之一。可是考中状元没几天，就被莫名其妙地拉上了断头台。他的眼里只有无尽的恨，他恨皇帝的无情和自私，我凭本事拿的第一，哪来的跑关系？

鲜血流了一地，一批头颅骨碌碌地掉到了地上，每颗人头上的眼睛都睁得滚圆，怎能死得瞑目？怎能甘心离去？

没办法，谁让他们碰到了狠心的朱元璋。

洪武三十年（1397 年）二月，经过反复斟酌的朱元璋选择八十五岁高龄的翰林学士刘三吾担任科举会试主考官，王府纪善（类似于亲王的老师）白信蹈为副主考官。经过开国之初一系列的大开杀戒，朱元璋已经铲除了大部分潜在的不听话的人。南方地区已经开始飞速发展，北方地区也渐渐恢复了生机。现在的他要为子孙后代选出一批既听话又能干的国家管理人才，让朱家王朝能够永远延续下去。

身体日渐衰老的朱元璋明白，老天留给他的时间不多了。所以，他对这届科举考试看得很重，选了品学兼优的刘三吾来为他公平公正地选拔人才。

但是，录取结果公布出来之后，南京城瞬间炸开了锅。名单上五十一名考生清一色是南方人，福建人陈安被评为第一名。

北方的考生愤怒了，难不成新成立的大明王朝也要搞地域歧视？难道朱皇帝不清楚元朝是如何灭亡的吗？大明失去北方，皇帝吃饭可能喷香？

于是，北方学子们分头行动，击鼓鸣冤，拦轿告状，沿路呼喊，状告主考官搞地域歧视，暗中偏袒南方人。

一时间，谣言满天飞。有的说主考官收了钱，有的说副考官歧视北方人，有的说前几名的考生跑关系……

南京城里，人心惶惶。

监察御史闻风而动，接连上书。上届状元、朱元璋的侍读张信等人，也怀疑此次科举考试有鬼，没有哪次考试一个北方人都考不中啊。

事情闹大了，朱元璋雷霆震怒，难道这些考官们不知道老子的暴脾气？彻查，杀！

他特派侍读张信、侍讲戴彝、右赞善王俊华、司直郎张谦、新科状元陈安等人组成考试调查小组，连夜审查。经过多人联合反复对比评阅，得出一致结论：从卷面答题情况来看，之前录取的名单毫无问题，而北方考生的答卷的确比较糟糕。有人提醒张信，要不在北方考生中选几个充数？不然没法儿交差啊！矮子里面也能选将军嘛！

张信摇摇头，科举考试乃是最公平公正的地方，岂能儿戏？一切以答卷的好坏来说话！当初我怀疑主副考官营私舞弊，现在才发现他们为国为民。怎能冤枉好人呢？落榜的试卷里的确选不出好文章，总不能让我睁着眼睛说瞎话吧？

调查组给出结论：维持原录取名单！

其实，从当时客观条件来看，南方经济与社会环境相对稳定，大家读书的条件和氛围相对较好，而北方还没有完全从战乱中恢复过来，生活不够稳定，文人们怎能有精力和时间充分备考呢？所以在应试方面，北方考生自然没有南方考生那么厉害，出现北方考生集体落榜的现象也不是完全没有可能。

　　调查结果一出，舆论又是一片哗然。北方考生自然不会善罢甘休，侮辱我们的智商吗？而北方籍的官员也乘机兴风作浪，看不起我们北方人？大家纷纷抨击主考官刘三吾、白信蹈势力太大，调查组不敢如实报告，故意选北方考生中的劣质答卷给皇帝看⋯⋯

　　朱元璋火了，按理说他制定的科举制度吸取了唐宋元时期的精华，最大限度地保障了公平公正，而且此次主考官翰林学士刘三吾乃是他最信任的人。人家都八十多岁了，有必要为了一次考试毁掉终生名誉吗？可是，不杀掉一批人，怎能平息北方人的愤怒？我好不容易一统天下，因为几个主考官和考生而失去北方人的信任，岂不损失太大了？万一他们联合起来造反咋办？

　　所以，老刘、老白、小张、小陈，对不起了！朱元璋心一横，一不做二不休，突然下诏，逮捕了主考刘三吾和副主考白信蹈等人，将他们牵扯进了蓝玉案、胡惟庸案中，并送给他们一个常用的称号——"反贼"。白信蹈、陈安、张信等人全部被押赴刑场，砍头弃市。一把年纪的刘三吾被发配到西北边疆"保家卫国"去了。只有戴彝、尹昌隆二人免罪，因为他们在复核试卷后，开列出的中榜名单上有小部分北方考生。

　　其实，主考官刘三吾偏私老乡的罪名根本站不住脚。他是湖南茶陵人，成绩优秀的考生中，宋琮是江西人，陈安是福建人，尹昌隆是江西人，刘仕谔是浙江人。他们虽然同属南方，但人家也相隔十万八千里，不可能都是相识的老乡。而刘三吾本人一辈子两袖清风，德高望重，一心为国家选拔人才，何苦在快要入土的时候，培植亲信，结党营私？

况且，科举制度到了明朝，已经相当完善。"糊名"看不到考生姓名，"誊录"看不出考生笔迹。答卷不得出现提示性文字，考官必须用红色的墨汁批改，以防他们帮助考生在试卷上做手脚。而且也有复查制度，考生对成绩不满意，可以提请复查。在政治清明的时代，谁敢在科举考试上动歪心思呢？

陈安才享受一个月不到的状元荣耀，就成了安慰北方学子的替罪羊，谁让他是榜单第一名呢？

举起冰冷的屠刀之后，朱元璋又送来热乎的"蛋糕"。他亲自在都城补办了一次殿试，钦点北方人韩克忠为状元、王恕为榜眼、焦胜为探花。录取的六十一人全部是北方人，所以这次榜单称为"北榜"，因为是在夏天举行的考试，又称"夏榜"。之前南方人的录取榜单为"南榜"。

北方学子们分享着甜蜜的"蛋糕"，个个心悦诚服，不打不闹了，安心跟着朱皇帝干事创业！

从此，科举考按地域分配录取名额，也就是分卷录取制度，成了一项固定制度，这也是朱元璋的一大创新，有利于全国各个地区的大团结。到了宣德、正统年间，南北分卷又分成南、北、中三卷，称为"三色卷"，把全国划成三大块，按需分配录取名额。从此，天下考生尽欢颜。但是，这样的录取制度，也导致政坛出现了以地区为标志的党派斗争，除了师生关系，老乡关系又成了拉帮结派的重要关系。

放完猪，我读书；上考场，状元郎

江西庐陵永丰（今江西省永丰县），一个贫困家庭又出生了个小男孩儿。不知什么原因，父亲好像不太喜欢他。他在父亲的冷落中渐渐长大，慢慢学会了砍柴、做短工。十多岁的时候就给别人做长工，半工半读，非常刻苦。

一个人孤独地奋斗着，没有掌声，没人关注。累了，他看看梅花，在风雪中傲然挺立；困了，他喝点儿浊酒，在深夜里酣然入睡。家乡名人欧阳修的事迹深深影响了他，人家没有笔和纸，在沙地上读书写字，不照样进士及第，荣登皇榜，成为一代文坛领袖吗？

他行，我也行！

替人放完猪，就去认真读书；帮人做完活，立即拼命背诵。只要学不死，就往死里学，总有一天，我会站在世界之巅。

多年的苦练，赢得了荣耀。他在科举考场一路过关斩将，很快便站到了最高一级的考场。看着皇帝亲自出的殿试题目，他的大脑仿佛开启了黄河奔涌模式，"浪奔，浪流，万里滔滔江水永不休"。不用构思，不打草稿，洋洋洒洒写下了两万字。考官们惊呆了，考生们眼红了。这家伙是从哪里蹦出来的？

当时的主考官解缙也是名闻天下的大才子，看着这个同为江西老乡的考生答卷，叹为观止。答卷字体刚健，对策新颖，见解深刻，他不是第一，谁是第一？几个考官拟定了录取名单，进呈皇帝阅览。

明成祖朱棣看完第一名考生的文章，做出重要批示：此人学贯古今，出口成章，乃是我大明的宝贝啊！第一甲第一名就是他了！

状元郎曾棨的名字，以闪电般的速度传遍天下。

嫉妒他的人编了故事诋毁他，说他事先得到了主考官解缙的题目，早有准备，才写得那么顺畅。结合当时严格的考场纪律、比他老爸朱元璋还狠的明成祖、日后曾棨的优秀表现等几个因素来看，这样的泄题事件不太可能发生。解缙既不可能冒着杀头的危险来圈定一个与自己毫不相关的考生，明成祖朱棣也不是昏君，答卷好不好，他一眼便能看出来。这次考试是他登基以来的第一次开考，岂能有半点儿马虎？谁敢作弊，死得肯定比陈安、张信更惨。

曾棨接下来的表现也证明他的状元当之无愧。

为了试探新状元的才华，朱棣经常出一些"脑筋急转弯"。一次，他说出一个上联："红袖手提鹦鹉盏，来迎状元"，然后要求曾棨三步之内对出下联，人家曹植是七步作诗，看看咱们这个状元能否破个纪录？

曾棨走了三步，脱口而出："白衣身到凤凰池，进朝天子。"既对出了下联，又拍了皇帝马屁。朱棣摸摸胡须，不错，不错，我大明的才子破了曹植的七步为诗的纪录，证明我这个皇帝很牛嘛！我大明的天下定能繁荣昌盛，人才辈出。

到了元宵佳节，朱棣领着大臣们观赏盛世下的彩灯和繁华的街道，不禁诗兴大发，又出了个对联："灯明，月明，大明一统。"还没等大臣们反应过来，曾状元又对出了下联："君乐，民乐，永乐万年。"

"永乐"乃是朱棣的年号，万年盛世。好，好，好！朱棣的老脸堆满了笑容。

曾棨成了皇帝的御用文人，曾经一口气写出一百首专门歌咏梅花的诗歌——《应制百咏诗》，从不同的场景、季节、时间写了不同状态的梅花，庭梅、江梅、早梅、寒梅、矮梅、瘦梅、盆梅、粉梅、青梅、黄梅……也曾一口气写出皇帝的命题作文——《天马海青歌》。

继解缙、胡广之后，他成了皇帝的"第一笔杆"，朝廷的重要公文、通告等都由他来亲自操刀，还被朱棣任命为《永乐大典》副总裁官。

曾棨才华横溢，酒量更是满分。

一位外国使者慕名来到大明，左看右看，大明的确很牛，发达程度令他难以想象。既然硬件和软件设施都比不过你们，那就比比酒量。饭桌上，一轮陪酒过后，明朝官员纷纷倒下。他可太能喝了，赶紧走人！

使者笑了，露出鄙夷的眼神，堂堂的大明王朝，竟然找不出一个纯爷们儿？喝几桶酒就害怕了？还号称什么"宇宙最强"？

朱棣大怒，我大明富有四海，人才众多，竟然找不到一个喝酒高手？

"让我来！"一个熟悉的声音打破了众人的沉默与羞愧。朱棣循声望去，原来是曾棨。

"状元郎也能喝酒？"皇帝觉得不可思议，又问道，"爱卿的酒量如何？"

"不限量！不打折！"曾棨淡定地答道。加量不加价，保证把使者送回老家。

朱棣大喜，曾棨同志从来不吹牛，他说行，就一定行！"好，你去会会他！"

外国使臣瞟了一眼文弱书生，呵呵，看来大明的确没人了！来，上酒！让你见识见识谁才是真爷们儿！

你一杯，我一杯；你一碗，我一碗。一连喝了好几天，外国使臣越喝越心慌，越喝越恐惧，这样喝下去，肠子也得喝穿哪！对面的男人，啥来头？面不改色，心不跳，好像刚来的时候一样清醒。难道他没喝酒？我看着他喝下去的啊？难道我脑子短路了？

曾棨依旧那么淡定，微微一笑，小样，喝不服你！

又是一番较量，醉眼蒙眬、大脑恍惚的使臣彻底服了，甘拜下风，就服你！大明有大才啊！咱们两国以后要和平共处，多交流，少喝酒！

听到消息的明成祖哈哈大笑，竖起大拇指，称赞道："即便不算才学，凭这酒量，曾棨也是我朝状元郎！"

从此，文状元又多了一个"酒状元"的荣誉称号。

大臣张辅很好奇，想试试曾棨到底有多大酒量。他事先照着曾棨的肚子做了个"一比一还原"的木桶，放在酒窖旁边。然后盛情邀请曾棨来家里吃饭，一帮人不停劝酒。

曾棨喝完一桶，张辅就命人加满木桶。喝了一天，陪酒的人都纷纷叫苦，张大人，吃不消了，这不是喝酒，而是玩儿命啊！

张辅看看酒桶，又重新注满了，天哪，何时是个头啊！再看看曾棨，依旧淡定地吃着菜，喝着酒。到了半夜，张辅命仆人送曾棨回家，顺便暗中观察他是不是喝醉了硬撑。

曾棨眼睛露出坏笑，既然来到我家，那就留下来再喝两杯。他不由分说，拉着张府的仆人进了家门。喝了不知道多少杯，张府的仆人顿时感觉天旋地转，找不着南北，心里痛苦地呼喊着：救命啊，我想回家！等他踉踉跄跄地上了马车，曾棨才回房休息。

第二天，张辅彻底服了，海水不可斗量，老曾的肚子也不可"桶量"啊！就服你！

曾棨的才华和品质得到了几代皇帝的认可和信任，他平稳地走过了明成祖、明仁宗、明宣宗时代，担任了右春坊大学士、詹事府少詹事（掌管太子宫内事务）、礼部会试主考、殿试阅卷官等重量级职位，并参与编修太宗、仁宗两朝实录。

有点儿个性就那么难吗？

这位考霸出生在一个低级官员的家庭，从小就对书籍充满了热情与渴望。但是，并不富裕的家庭支持不了他随便买书。他就利用一切条件收集书，手抄别人的，买二手的。他把书籍当作了青春懵懂期的"恋人"，一得到好书，就会亲自校对，来回抚摸，嗅一嗅书香。那感觉，就一个字——爽！

父亲把这个小儿子视为"读书头号种子选手"来重点培养，以后家族振兴，就靠你了！他也很争气，超强大脑配上勤奋手脚，迅速在家乡南京地区蹿红。十六岁的时候，他便拿下了南都（南京）童试第一名。他信心满满，看来我要火啊！那就趁热打铁，冲击乡试，结果却意外落选了。为什么会这样？学问不精吗？应试技巧不行吗？

那就找个地方认真读书，拼命"刷题"。

他干脆搬进寺庙——天界寺闭门苦读，周围的一切都那么安静。白天，他研究各种书籍，尤其喜欢上了宋朝考霸——苏轼、苏辙两兄弟的作品；夜晚，他深入思考总结，创作诗词歌赋、古文杂谈。

不知不觉，年纪轻轻就博通古今的他人气急速攀升，大家都知道了一个学识渊博的读书人——焦竑。

嘉靖四十一年（1562年），研究王阳明心学的著名学者耿定向以监察御史的身份来到南京督导当地教育（学政），一眼便看中了二十二岁的焦竑，好苗子啊！于是，他将自己的应试技巧、研究所得毫不保留地教给了焦竑。

有了名师指点，焦竑顺利通过乡试，成为举人。两年后，耿定向在南京清凉山上创办崇正书院，选拔江南名士来书院读书，直接任命焦竑为"校长（书院之长）"，甚至多次让焦竑代替自己为学生们讲课。耿定向的嘴巴一开，小焦好运自然来。一时间，不到三十岁的焦竑成为人人皆知的"东南名士"，瞬间走上人生的第一次小高峰，还引来一位学术界大师——李贽的关注。相同的兴趣爱好，让他们成了无话不谈的好朋友。

李贽在当时被正统文人和官员视为"捣蛋分子""神经病"，因为他猛烈抨击儒家学说，尤其是程朱理学。《论语》《孟子》等儒家经典，都是什么玩意儿？不就是私立学校老师的课堂笔记嘛，何必把它当作万年不变的真理？所谓的圣人之言，可能只是他们随口那么一说，我们后世的人却当成了宝贝。老汤再美味，放了上千年，也是"重口味"了吧？至于朱熹等人，都是些满口仁义的假道学家、伪君子，煮了一锅"毒鸡汤"，害人不浅。他们连市井小商贩和田里老农民都比不上。我们要做真实的人，真诚的人，想干啥就干啥，想说啥就说啥，何必装腔作势？

李贽的观点让年轻的焦竑听得如痴如醉，不可自拔。真是听君一席话，胜读十年书啊！

除了口头唾骂，李贽还写文章调侃孔子，这在当时是需要极大的勇气和胆量的，因为这是公开挑战皇权和科举。

洪武十七年（1384年），经过反复权衡考量的朱元璋正式公布了《科举成式》，对科举考试内容、形式、出题、批卷、录取等各个环节进行全方位规定。此后的明清科举考试大致沿着他的思路延续、完善，后人还在他的基础上创造了提升应试能力的模块化作文——八股文。

考试的内容仿照元代，主要是以程朱注释为准的"四书"和"五经"。文章的题目与观点必须出自"四书五经"，考生的理解与答题绝对不能超出官方参考书的范围。儒家课本总共就那么几本，反反复复考了上千年，怎么可能有创新？怎么可能跟上时代发展的步伐？关键你还不能自己去解读"四书五经"的意思，而要背诵、默写朱熹等"专家"的标准答案。虽然评卷打分的标准统一，维护了考试公平，但是文人无法发挥自己的个性与创意！

八股文的形式应该还算科学，有点儿类似骈文、散文、赋体文的大杂烩，但是内容却非常落后。好比你炖了一大锅鸡架鸭架、牛骨羊骨汤，按理来说，汤汁或多或少都会有些营养，但是端上来的时候你才发现，里面没加盐！成了一锅没有灵魂的杂烩汤，食之无味，弃之可惜！

如果没有内容的严格约束，八股文也许可以炖成高级的佛跳墙。但是，朱元璋规定，考试不能有个性化的解读，必须要用孔子、孟子、朱熹等圣人的口气来写作文，要换位思考，如果我是朱熹，我该怎么解读"四书五经"呢？不要你以为，而要圣贤们和皇帝们以为。目的就是让考生不能随意发表过激的言论，要揣摩大明皇帝是怎么想的，然后再用圣贤们的语句深入论证皇帝们是对的，不可能是错的。

所以，李贽直接抨击科举考试用书，抨击朝廷的文化根基，是在和全天下的考生作对，是在和封建皇权作对。他不出意外地被列为"头号恐怖分子"。他自己也在中举之后，直接放弃了会试，放弃了做官。

跟这样的"恐怖分子"在一起，总会被影响。耿定向在离开南京之时，还不忘劝告自己的得意门生，小焦，千万不能沉迷李贽的学说，以考试为重，以前途为重。

焦竑也很矛盾，一边是让人上瘾的新颖叛逆学说，一边是老师和父亲的热切期盼。一边是海水，一边是火焰，该何去何从呢？

还是继续考试吧！总不能一辈子"啃老"。于是，他带着"学富五车"的光环参加了第二级别的考试——会试，结果连续七次都捧回安慰大奖——谢谢参与，下次再来！

三年一次，七次就是二十一年，从青年考到了老年，熬死了两位皇帝。转眼间，又考到了万历年间。但是，焦竑并非普通人，除了李贽，他还结交了袁宏道、耿定理、王襞等名人。生活还算丰富多彩，有书有酒有朋友。他深入阅读辞章典故、诸子百家、文物音乐、历史经书……接连完成了《焦氏林类》《焦氏笔乘》《老子翼》等著作。

教教书，写写作，会会友……

没有官职的日子过得其实也还不错，可是，总归缺点儿什么，他也要为自己的考试能力讨个说法。多次失败并没有让他沉沦，如果上天要让我落榜，我就飞到天上跟它"硬杠"。

万历十七年（1589年），年近五十岁的焦竑再次踏上了进京赶考之路。这一次，他终于考上了。估计上天也怕他这个"杠精"，算了，不让你落榜了，别走开，有惊喜等你来！在接下来的殿试中，焦竑仿佛打通了任督二脉，名列一甲第一名，成了万众瞩目的状元。

他的人生迎来了第二次巅峰时刻。

焦竑进入了翰林院担任修撰，参与国史编修，并成为皇长子（即明光宗朱常洛）的老师。为了教好朱常洛，他亲自编写了一部课外辅导书——《养正图解》，就是春秋战国时期到唐宋时期优秀皇太子的故事选。有趣的文字，好玩的插图，瞬间引爆市场，成为畅销书。可是，翰林院的同行们眼红了，就你能，编写皇太子读物都不告诉我们一起参与，哪怕让我们挂个名也好嘛！看不起我们吗？平时性格古怪也就罢了，居然这么好表现。小老头儿，出来混，迟早要还的！

埋头做事的焦竑并没有注意到同事们微妙的心理变化，他也没时间去留意这些杂碎小事。在翰林院里，他看到了很多民间罕见的珍贵图书、孤本秘籍，他流着口水叹息：时间不等人，我得赶紧看。他犹如一只饥饿的猛兽，贪婪地盯着眼前的猎物，我要把你们全都吃掉。

焦竑白天读书、工作，晚上抄书、整理、校对，完全沉醉在书海之中。他依据孤本秘籍，编成了著作《两苏经解》；根据国史资料，写了《国朝献征录》《国史经籍志》……

在读书、写作、交友之中，他的思想渐渐成熟，提出了"学道者当扫尽古人刍狗，从自己胸中辟出一片天地"，主张打破程朱理学的死板教条，不要把古代所谓的圣人看得多么高大，他们也是人，也有七情六欲和性格缺陷。很多古人的学说，就如同祭祀用的木偶，祭祀的时候，神圣不可侵犯，祭祀之后，立刻变成了无用之物。他们的学说不是用来完善自身的，而是用来显摆炫耀的。

他这是对科举考试标准答案的公开挑战和质疑。科举考试的内容与题目"年年岁岁花相似，岁岁年年人不同"，早就引起了众多名士们的不满，我们读"四书五经"，都有自己的看法，干吗用标准答案来答题呢？为什么不能有自己的见解？当时的社会上，也流行了各种各样的批判观点，所以王阳明的心学引起了很多人的共鸣。大家对科举标准答案的厌烦与叛逆情绪不断上升。

考中状元以后，没学会官场套路，还不按常理出牌，焦竑成了同事和领导们眼中的"不安定分子"，这为他接下来的遭遇埋下了深水炸弹。

万历二十五年（1597年），焦竑被皇帝钦点为顺天府（北京）乡试副主考官，意味着他有机会按照自己的方式和标准来录取人才。除了看被录取者的答卷，他也会看看那些被淘汰者的答卷。在落榜考生的答卷中，他发现了一篇奇怪的文章。越读越觉得过瘾，对他胃口，最后竟然拍着大腿叫道："此乃当世大儒啊！"怎么能给他不及格呢？浪费人才！于是，作为副主考官的他独断乾坤，将这份被其他人判为不及格的试卷列为第一名。

而这份试卷的主人正是日后大名鼎鼎的徐光启。

除了徐光启，焦竑还录取了一批观点比较标新立异的考生，惹怒了很多人。两位礼科给事中乘机弹劾他"文体险诞，取士非人""收受贿赂、互通关节"……

一时间，讨厌、嫉恨焦竑的人群起而攻之，纷纷落井下石。结果，朝廷调查团查了半天，也没查出实质性的问题，贪污受贿、互通关系等罪名肯定是没有的。但是，被他录取的部分考生估计的确存在一些离经叛道的思想，这就成了政敌攻击焦竑的着力点。

和国家录取标准有出入，和祖宗们的法定规则有差异，比录取本身更令人恐怖。皇帝也只能双手一摊，阿焦，对不住了！谁让你如此离经叛道呢？

不到十年，曾经的状元郎又坐起了过山车，领着中央派发的"盒饭"去了地方，焦竑被贬为福建福宁州同知（州的二把手，副长官）。一时间，墙倒众人推。两年后，吏部官员对地方官员进行绩效考核，给福建福宁州同知成绩单栏目里填了一个"浮躁"的评语，你不是狂吗？不是拽吗？不是态度不好吗？我们就要给你个差评！

焦竑被降级了。唉，心是灰色的，天也是灰色。"我是清都山水郎，天教分付与疏狂。"在没做官之前，我不是活得挺开心的吗？有书，有酒，有朋友。何必在这里受人指使与侮辱？辞官，回老家！如果不能按照自己喜欢的方式过一生，那我活着还有啥意思？

从此，焦竑回到了南京，在这里买了一个小园子，起名为"澹园"，咱主动退下来，懒得跟你们杠。园内建了一个藏书楼，起名为"五车楼"，收集了他大半辈子收集来的各种书籍、抄本。在这里，他将每本书籍都一一校对，继续收藏能够搞到的一切珍贵书籍、稗官野史、经史子集。不知不觉，他成了明朝末期最大的私人藏书家，在当时就有"北李（李开先，著名藏书家）南焦"的称呼。

后半生的他大多数时间是在藏书楼里读书、写作、吟诗、会友，相继完成了《国史经籍志》《熙朝名臣实录》《国朝献征录》《春秋左传钞》《焦弱侯问答》《墨子品汇解评》《庄子品汇解评》《焦氏笔乘》《玉堂丛语》等大量历史、文学、音韵学、文献学、考据学、哲学、佛学、目录学的著作，成了当时"活着的百科全书""活着的学术化石"。他经常被人请去讲课教学，"粉丝"越来越多，名气越来越大。他不在江湖，却到处有他的传说。

他主张三教合一，儒教、释教（佛教）、道教三个教派要融合发展，你中有我，我中有你。孔子不是高高在上的圣人，他也有错误的观点，所以，各个学派需要相互学习，兼容并包，一起壮大。故步自封是无法适应时代发展的。他的思想犹如晴天霹雳，震惊了文人的心灵，开阔了众人的眼界。

万历二十九年（1601年），朱常洛被封皇太子。他任命曾经的老师焦竑为南都国子监司业（类似于公立大学的副校长）。焦竑深感欣慰，这次任命相当于是对当年科举案的平反。但他摇了摇头，感谢归感谢，做官还是不要了。现在的我，岂不比做官快活？让我安安心心读书、写作和讲课吧！

焦竑早就看透了一切，名声、快乐、朋友、书籍、著作……该有的他都有了。平静祥和的心态让他一直活到了八十一岁的高龄。

考试这条路，我走得太苦了

第九次，二十多年，从家乡长洲县（今江苏省苏州市）到北京，三千多里路，他来回走了九次了。熟悉的风景，熟悉的街道，熟悉的落榜，连路上鸟窝里的鸟都换了好几代，子孙满堂了，他依然没换"成绩单"。

难道落榜也有遗传基因？不能够啊！曾祖父当年参加九次乡试都没考中，我可是二十多岁就考中了乡试，成为举人。想当年，我也是诗词歌赋，样样精通。《春秋》更是翻了又翻，读了又读，成了研究《春秋》的"顶级专家"。年纪轻轻，就因为文才出众，还上了家乡名人榜。难道我的才华一到考试就失灵了？

外甥姚希孟这次一同与我参加会试，考了第三甲第一百二十一名，虽然名次不高，但他也是进士了！证明我们家族基因不算差嘛！难道曾祖父将考试基因给了外甥，把落榜基因给了我？

唉！想到外甥，他又一阵心痛。小孩儿都考上了，让我这个满脸皱纹的老头子，脸往哪里搁呢？他的脸上黑一阵，白一阵，恨不得把头埋到地下。虽然孟子说"天将降大任于是人也，必先苦其心志，劳其筋骨，饿其体肤，空乏其身"，可是，我已经够苦的了，从黑发考到白发，从南走到北，从白走到黑，我已经不知道我是谁。村里有个好看又善良的姑娘，我们曾经看对了眼，可人家现在已经是别人孩子的妈，我依然还在考试的路上。

他曾经把文章拿给当时的大名人钟惺请教，问道："像我写的这样的文章是否可以考中进士呢？"钟惺瞟了几眼，客气地点点头，可以，可以的！小伙子，不，大伯，您继续努力，一定可以赢得未来！一碗浓而黏稠的"鸡汤"灌下去以后，钟惺却对一旁的人悄悄说道："考了九次都考不上的老举人，还有什么希望？不如死了这条心，以举人的身份做个小官算了。"

"鸡汤"原来都是勾兑的！一肚子的委屈、抱怨，犹如上万根钢针扎向了他的五脏六腑。痛不欲生，痛定思痛。他又昂起了那颗高傲的头，反正都考了这么多年了，再坚持一次吧！拒绝"鸡汤"，无视嘲笑，我要为自己的智商讨个说法。实在不行，我就隐居深山。

天启二年（1622年）二月，他第十次踏进了礼部会试的考场，感觉板凳上还留着他屁股上的余热。侍卫换了一茬又一茬，考官换了一个又一个，考生换了一波又一波，他这个考试"钉子户"又来了。

不管了，把面子放一边去吧！考试，写字！初九、十二、十五日，三场考试过后，放榜了。他抬头一看，居然有他的名字，不是梦吧？揉了揉眼睛，又看了一遍，上面的的确确是他名字。

四十九岁的他终于考上了！

他摩拳擦掌，继续参加殿试。任督二脉一旦打通，人生开挂不是美梦！他在四百多位考霸之中，一举夺魁，成为明朝第八十二位状元。

他的名字叫文震孟，大画家文徵明（他的曾祖父）的后代。

在他夺魁之后，大太监王体乾派人带着第一名的"荣誉证书"（名帖）前来报喜。按平常礼节，状元郎也要以晚生的名义回个帖，表示下感谢。向来就不喜欢太监干政的文震孟连帖都懒得回，对着来人说道："我是新人，不知道怎么写回帖。"直接将原帖退了回去。不喜欢就是不喜欢，干吗要装得堆满笑容？爱憎分明的个性不适合在官场混，如果遇到明君，也许还可以发挥大用处，可他遇到的是昏君。

按照惯例，状元先到翰林院担任修撰，掌修国史。当时的明熹宗朱由校对皇帝这份职业根本瞧不上，经常拿着斧头和锯子，亲自制作家具、房屋。他要做一个顶级木工，继承发扬中华民族的工匠精神，将国家大事全部交给了大太监魏忠贤处理。

魏忠贤和朱由校完全相反，瞧不上太监职业，对玩弄权术却有一种特别的喜好。当年为了逃避赌债，他手上拿着尖刀，嘴里咬着抹布，一跺脚，一颤抖，挥刀自宫进了皇宫，干起了他很不喜欢的太监职业。如今靠着逢迎拍马的本领，成为皇帝的金牌心腹。排除异己，拉帮结派，他要从职业太监转变为霸道总裁，所以引起了部分正直大臣们的不满。

不满？那就驱赶！

看着能臣干吏们纷纷被逐出朝廷，原本就很有个性的文震孟坐不住了。直接上疏与魏忠贤开撕，如此下去，国将不国。

魏忠贤扣留了奏疏，发怒了。一个小小的状元，想要翻天吗？看把你能的！他略施小计，几句坏话，就让沉浸式体验木工生活的明熹宗点点头，别烦我，你看着办吧！魏忠贤笑了，不烦您，我会办！立即下达命令：赐他货真价实的八十棍廷杖。

行刑的监督太监正是王体乾，小样，这下看你还敢不敢轻视我？廷杖会重重地告诉你，有些话不能乱讲。王体乾咬着牙，一声令下："打！"行刑的人看着老大咬牙的力度，便明白了棍子上该有的力度，拼命打下去。

"啪啪啪"，结结实实的八十棍。文震孟皮开肉绽，鲜血直流。

刚刚做了几天状元的他带着伤疤和心酸，被贬出了京城。

文震孟愤怒了，我花费大半生的精力考中科举，难道就为了受这样的侮辱？唉，罢了，罢了，什么官职，什么状元，爷通通不要了，回老家！

就这样，文震孟在家乡安静地过了几年。

明熹宗去世，崇祯皇帝朱由检继位，一上来，便是大手笔！铲除"阉党"，召回被害人员，文震孟也从老家回到了中央，成为崇祯皇帝"私人一对一定制课程（讲解经史）"的专职辅导老师。

面对皇帝，他依旧不改自己的个性。有一次，在他讲课的时候，崇祯皇帝把一只脚搭在膝盖上。文震孟皱了皱眉头，坐没坐相，听课不认真，怎能学得深？您是天子，不好直接批评，那我就委婉点一点，看你上不上道。文震孟故意大声朗读《尚书》里的句子："为人上者，奈何不敬。"然后又直勾勾地看着皇帝的大脚丫子。

崇祯皇帝明白了，文老师不高兴了，赶紧把脚放到地上，毕恭毕敬地听课。他对学识渊博、一身正气的文震孟非常尊重，并且提拔他进入了权力中枢机构——内阁。文震孟一开始还担心他曾经得罪过内阁首辅温体仁的事情，所以连续上书辞职，可是崇祯皇帝不干，怕啥？你的背后有我！

温体仁乃是个老奸巨猾的人，看到皇帝重用文震孟，就假装套近乎。无论什么工作，都先征求文震孟的意见。文老师，这个您看如何？那个您觉得怎么样？单纯的文震孟自尊心得到了极大满足，渐渐放松了警惕，逢人便夸首辅大人："温公虚怀若谷，怎么有人老说他是奸臣呢？他简直是圣人哪！"同在内阁的何吾驺提醒道："老温比泥鳅还滑，千万不可轻信！"

文震孟摇摇头，我不信！

温体仁玩的就是迷惑术。在你受宠的时候，他顺着你，捧着你；当你放下戒备，他又突然玩起冷战，激怒你。他是真正的高手，先让你习惯了他的"糖衣炮弹"，然后给你耍酷玩失踪。温体仁干什么都不再和文震孟商量，也不再听从他的意见，还直接驳回他的奏疏。

智商超高、情商不高的文震孟果然被激怒了，直接将奏疏摔到温体仁的面前，你是什么意思？为什么之前要戏弄我？

老奸巨猾的温体仁又演起了哑剧，不争不吵，看你笑话，让皇帝和大臣们觉得你是在无理取闹。当文震孟公然开撕的时候，温体仁伺机开咬。

文震孟和何吾驺想重用一个曾经公开上书抨击魏忠贤的大臣——许誉卿。温体仁觉得机会来了，一边密令吏部尚书谢升弹劾许誉卿跑官、要官、拉关系，一边上书提出对许誉卿的处理意见。他故意将许誉卿的"罪行"写得很重，处罚却写得很轻。不明真相又深恶跑官的崇祯皇帝直接驳回了温体仁的奏疏，这不自相矛盾吗？你上面写他罪行重大，为什么处罚却如此轻呢？驳回重议。

温体仁等的就是这句话，他清楚皇帝日理万机，肯定不会仔细推敲这点儿小事。皇帝的意思不就是要加大对许誉卿的处罚吗？那我肯定执行到底。他直接将许誉卿革名贬斥，又成功激怒了文震孟。状元郎被气得用反语讽刺道："许誉卿这样正直的人被革职为民，乃是他的光荣，感谢温大人成全！"

温体仁冷笑一声，小样，你又上当了！他赶紧将文震孟的前半截话禀告给皇帝。一向刚愎自用的崇祯发怒了，难道我处理一个许誉卿就成了昏君了吗？你的意思是朕眼睛瞎了，还是智商掉线了？你是我的老师，就能明目张胆地讽刺我吗？那朕也成全你们，让你们也跟着"光荣光荣"。

崇祯不由分说，斥责文震孟、何吾驺扰乱国政，罢了他们的官职。从此，温体仁在内阁唱起了独角戏：一个人的世界，以后对白岂不是自言自语？哈哈哈！他开始飘了。

文震孟回到了老家长洲，不久，他的外甥姚希孟突然病死。他伤心欲绝，虽说是外甥，却胜似儿子。当年，他收养了年幼就失去父母的小外甥，两人一起读书，一起做官，相互扶持，相互鼓励。如今，白发人送黑发人，加上官场不顺，国家动荡，郁闷过度的文震孟也病倒了，很快就一命呜呼，跟着外甥同去了。

他编写的"八股满分作文选"，成了超级畅销书

　　他虽然出身官宦世家，但他的母亲地位卑微，类似于婢女。

　　家族内部也有层层的鄙视链，张溥从一出生就处于家族内部鄙视链的最底端。大家根本没把他放在眼里，甚至当面称他为"塌蒲屦儿"，意思是下贱的人所生，永远不会有出息。

　　天将降大任于是人也，必先苦其心志。辩解，争论，有用吗？别人会听吗？与其把时间浪费在无聊的讨好与争吵中，不如发奋苦读，做出一番事业，让那些嘲笑者们照照镜子，哭晕在家中。

　　于是，张溥开启了"自虐"式的读书模式。每读一篇文章，必定手抄一遍，抄完之后烧掉，然后再抄，再烧，反复七遍。"七录七焚"，铸就灵魂。夏天，蚊子叮咬，他把双腿泡在桌底下的大缸里坚持读书；冬天，手部冻裂，他把双手放入装着热水的脸盆中浸暖后继续抄写。常常在不知不觉之中，读书到天亮。为了纪念这样的学习经历，功成名就之后的张溥将书房起名为"七录

斋",自己的著作也题名为《七录斋集》。

但是,苦读未必就能考中。在明清烦琐的科举考试制度下,不被考场"蹂躏"几次的读书人不是好的读书人。文人们为了应付考试,聚在一起讨论八股文的写法、应试的技巧,等等,自然而然地形成了一个个的社团组织。

张溥和同乡(都是太仓人)兼好友的张采成为最佳合伙人,组建应社(科举应试辅导班),目标很明确:研究实用的考试技巧,摸透八股文的写作规律。一切为了分数,一切为了考试。他们广泛收集"范文""时文",编写科举考试"优秀作文选""满分作文集"——《五经征文》等。

年轻人聚在一起,不免点评时事。作恶多端的"阉党"成为被众人唾沫星子淹死的头号种子选手。

张溥与张采曾经在太仓发起了驱逐阉党骨干顾秉谦的斗争,以笔为武器,以文为工具,很快,便成为舆论战的老大。而他们编写的"范文"也让很多文人在考场上大获成功,这使得张溥声名鹊起。

于是,他乘机扩大应社辅导班,合并了江南地区十几个"应试"社团,组成"超级社团联盟"。因为主张"兴复古学",强调经世致用,所以取名为"复社"。同年他们又推出另一本"八股范文选集"的神作——《国表》,收录了全国各地优秀考生的两千多篇优秀"应试作文(八股文)",他也做了深入独到的点评。

崇祯三年(1630年)的乡试、崇祯四年(1631年)的会试,多名复社成员成功"上岸"，骨干成员张溥、吴伟业、杨廷枢、陈子龙、吴昌时等人都取得了亮眼的成绩。一时间，复社成为文人心目中的朝拜圣地，创始人张溥成为超级巨星。文人们如潮水般涌来，跟着张大哥绝对有肉吃！笑傲考场，名利双收！

每当举行应考学术讨论大会的时候，复社骨干分子从街上路过，全城百姓夹道欢迎，男孩儿羡慕崇拜，女孩儿高声呐喊。此时的张溥风光无限，所向披靡。虽然他在考中后获得的职位并不显赫，但是他在文人和百姓们中间的影响力巨大。因为不满一味排斥异己、迎合皇帝的首辅大臣温体仁，张溥马上就对温大人发起了一场"舆论战"。

温体仁心想，我堂堂一个首辅，还得听你的？

在温体仁的授意下，针对张溥的弹劾接二连三地也开始了。"下乱群情，上摇国是""倡导复社以乱天下""煽聚朋党、妨贤树权"，等等，三人成虎，流言杀人。皇帝急眼了，你们想干吗？造反吗？夺权吗？你成了"全民偶像"，那我呢？

面对温体仁等人的陷害，张溥并不慌张，他虽然手上没权没兵，但有遍布各地的"网络"，一张无形的巨网。只要他动下嘴皮，振臂一呼，就会挑起一场声势浩大的舆论战。他的背后，站着无数新兴的城里人，有工商业的富豪为他筹集资金，有底层工人为他守护助威。因为大家都希望通过张溥的摇旗呐喊，让朝廷制定出有利于自己的政策。

如今的张溥俨然成了超级"幕后大佬"，潜力股大臣的"风险投资人"。在他的策划和推动下，周延儒东山再起，顺利挤走了温体仁。

张溥摇着扇子，点头微笑，我不在中枢，却胜在中枢。他将复社集体智慧结晶的改革主张交给了周延儒。老周，好好干！

改善民生、提拔人才、增加科举名额、限制宦官、整顿军务……

一系列的操作让大明王朝迎来了短暂的太平与繁荣，周延儒也赢得"中外翕然称贤"的美好名声。可是他又有些郁闷与不爽，自己好歹也是大明二把手，却始终受制于人。

不久，从京城回到家乡的张溥突然死亡，文人们哭声一片，史上最强精神领袖就这样走了。

正史《张溥传》和梅村的《复社纪事》说他病死家中，具体什么病，也没详细记录。刚过四十岁的张溥正当壮年，就这样莫名其妙地死了，给人留下了无尽的猜测。计六奇写的《明季北略》中说张溥回到家乡的当天晚上，腹部剧烈疼痛，乃是被复社成员吴昌时下了毒药。吴昌时之后又受到了周延儒的重用，让人不得不多想。但是史料并未给出明确的答案。

"十年著作千秋秘，一代文章百世师。"张溥在历史、文学、经学等各个方面取得了巨大的成就，完成了《诗经注疏大全合纂》《汉魏六朝百三名家集》《宋史论》《元史论》《历代史论》《七录斋集》等一系列著作。

专业的考生，"不专业"的科学家

他的祖上曾是地方首富，曾祖父考中进士后，仕途顺畅，官至礼部尚书，但是他的父亲却不思进取，又不善于管理家业，家道开始中落。母亲只能把家族振兴的希望寄托在两个儿子的身上：孩子们，好好读书，考中科举。

肩负重责大任的他自幼在私塾刻苦读书，认真背诵，诗词歌赋样样精通，八股作文信手拈来。但是，天天翻来覆去的就是"四书五经"，让他感觉有些疲惫，天文学、声学、农学及工艺制造学等书籍吸引了他的注意力。

这些实用的书籍为什么没人看呢？好奇怪！

李时珍的《本草纲目》让他如痴如醉，沈括的《梦溪笔谈》让他如饥似渴。世人眼中那些"歪门邪道"的书籍，他都想尽办法弄到手。

渐渐地，他成了同学们眼中的怪人，没事读那些玩意儿干吗？一定是疯了！

少年的名字叫宋应星，江西南昌府奉新县（今江西省奉新县）人，明朝著名科学家。也许是过多地关注"闲书"，他的考试生涯走得异常艰辛。

万历四十三年（1615 年），宋应星和大哥宋应昇到省城南昌参加乡试，在一万多名考生中脱颖而出，拿下了第三名，哥哥宋应昇拿下第六名。他们成了奉新县当年的风云人物，人送外号"奉新二宋"。

两兄弟踌躇满志，乘胜追击，做起了白日梦，状元、榜眼也有可能拿下，哈哈！

可是，接下来十几年的时间里，老天把他们的美梦撕成了碎片，他们都不知道未来的日子应该怎么办。连续五次参加会试，考官们都是摆摆手："'奉新二宋'，请走，不送！"明朝做官以科举为重，而科举又以进士为重，进士出身者为甲科，举人出身者为乙科。举人出身的人只能做基层不起眼儿的小官。所以，大部分举人会一直考下去。

难道我们的智商不行？学问不精？

其实，当时的科举考试已经不再是公平公正的舞台，贪污受贿、徇私舞弊的现象经常发生，皇帝懒得管，大臣懒得烦，谁会在乎国家有没有人才？制度再好，没人执行也不会发挥作用。

转眼之间，来到了崇祯年代，因为皇帝打击魏忠贤阉党，各个地方都紧缺优秀干部。身为举人的大哥宋应昇得到了好机会，被选派为浙江嘉兴府桐乡知县，家族里总算有人吃上了皇粮。科举的失败，让宋应星的思想也发生了变化，他重拾了儿时的兴趣爱好。为什么一定要把时间浪费在科举考试上呢？像李时珍那样，在其他的领域内拓展新的道路，不也行吗？

他多次往返京城，一路上顾不上考试落榜的失败与痛苦，因为他被各地的农作物、手工技术深深吸引。他不仅用眼睛观察，还带着毛笔记录。明朝的商品经济发展迅猛，人们口袋里有了钱，对奢侈品的需求大大刺激了手工业技术的发展。新颖有趣的商品层出不穷，宋应星总会饶有兴趣地观察描述一番。每次去看望大哥，当地发达的养蚕和丝织技术都让他停下脚步，认真研究。后来，大哥宋应昇转任广东肇庆恩平知县，他又了解到了广东种蔗制糖和水道与造船技术。

人家来到新地方，要么去逛酒楼商店，要么去逛赌场茶馆，要么去会见朋友跑关系，宋应星却是去学习和记录当时读书人看不上眼的农业、手工业技术，成了别人眼中的"怪胎"。

他曾经到一位当官的朋友家做客，看到别人家里摆放了很多精致的花瓶，这些瓶子的质地、形状、上色、烧制等各方面都有差异，到底是怎么做到的呢？宋应星兴冲冲地问朋友道："您能介绍一下这些花瓶在制作上有什么特别之处吗？"

啊？做官的朋友蒙圈了，老宋这是什么操作？不问考试技巧和官场窍门，问这些不着调的事情，难怪考不中进士。我得点点他，于是朋友说道："老宋啊，万般皆下品，惟有读书高。咱们应该研究治国的学问和为官之道，为什么关注这些凡夫俗子的手工艺品呢？只要考中进士，有了地位和钱财，想买什么花瓶就有什么花瓶，何必知道它们是如何制作出来的呢？难道你要去当瓷器工、烧窑工？我劝你还是专注主业，研究科举，继续努力吧！像我一样金榜题名，还愁没花瓶？"

唉，看来咱们的脑子不在同一个频道上，农业和手工业技术的发展不正是国家富强的途径吗？什么是治国学问？什么是凡夫俗子？读书难道只能读"四书五经"？

道不同不相为谋，宋应星匆匆告辞了。

在多次会试的失败和他人的嘲讽中，他除了领回"谢谢参与"和"不务正业"的标牌，还带回了"百折不挠"和"永不放弃"的奖牌。五次会试都失败了，我还会害怕别人的嘲笑吗？反正从小就没被别人看好过，那又怎样？我不也好端端地长大了吗？

做好自己，勇往直前。

但是，嘲笑可以不怕，贫穷和饥饿却能把人杀。不管炒饭，还是盒饭，总要填饱肚子，才能继续往科技领域里钻。他终于等来了一个机会，以举人的身份得到了分宜县学教谕的职位。虽然是不入流的基层小官，管理县里学校的学生，工资、待遇、地位都很低，但是好歹肚子不用再挨饿。

有了固定的收入，宋应星开始静下心来整理多年来的所见所思和大量笔记，写了一系列作品：《野议》《思怜诗》《画音归正》……

当然他投入心血最多的就是这本《天工开物》。天工，指的是天然中存在的东西；开物，指的是有效地利用自然规律为人们服务，创造出新的有用物品。他要把人们与自然斗争过程中的经验与技术都记录下来，指导后人更加有效地利用自然界的规律与万物。在"四书五经"为王的古代，这样的人既可悲又可敬。

可惜，教谕的工资太低，一家人的生活过得贫穷而辛苦。他想要买点儿图书来做参考资料，买不起；想邀请同道中人过来讨论交流，没场地；想要出版已经完成的书籍，没经费。介绍科学与手工技术的书籍在当时属于冷门生僻书，出版就会滞销，印刷便会赔本。所以，没哪个出版商愿意倒贴钱帮他出书，大家都忙着去刊刻各种科举考试辅导书和经史子集参考书。谁来看你"雕虫小技"的课外书？闲得没事干吗？

最后，在好友兼亲家涂绍煃的赞助下，宋应星的《天工开物》才终于刊刻出版，却没有引起朝廷的重视。

条件艰苦，无人关注，宋应星用超乎寻常的毅力，一个人孤独地战斗着。

经过几年的基层锻炼，因为表现优秀，宋应星升任福建汀州府推官，掌管一府的刑狱工作；又因为能力突出，被福建巡抚举荐为亳州知州。可惜不久，李自成率军攻入京城，明朝灭亡。紧接着，清兵入关，建都北京。已经升任广州知府的大哥宋应昇服毒殉国，宋应星也心灰意冷，隐居世外，誓死不与清政府合作。据说他的另外一个朋友——晋州知州陈弘绪用他在《天工开物》里记载的技术，制造出了火器"万人敌"，成功击退清兵的围攻。

如果当时大明王朝能够重视他的书，历史会不会被改写？

可惜，这本收录了机械、砖瓦、陶瓷、硫黄、蜡烛、纸张、兵器、火药、纺织、染色、制盐、采煤、榨油等农业、手工业生产技术的奇书，命运多舛，墙里开花墙外香。清朝乾隆年间，朝廷以编修《四库全书》的名义，对全国的图书进行大规模的"隔离审查"。大清皇帝不喜欢的书籍通通被销毁，"焚书坑儒"的历史又重现人间。

好在《天工开物》早在康熙年间就已经传入日本，成为日本人风靡一时的最佳读物和富国强民的指南针。在欧洲，《天工开物》同样火爆图书市场，被翻译成多国文字。有关学者称，这本书"直接推动了欧洲的农业革命"。

直到民国初年，中国学者才在日本看到了这部伟大著作的具体内容，通过"出口转内销"，终于让《天工开物》重现天日。

考霸不一定是答题厉害的人，在事业的考场、人生的考场上屡败屡战、取得成就的人，也是考霸。他们将在应试中锻炼出的百折不挠的精神用到了干事、创业上，开拓了新的道路，取得了别样的成功。

我就是这么淡定

他出生在山东东昌府（今山东省聊城市）一个没落的商人家庭，战乱年代，做生意也赚不到多少钱，一家人日子过得很清苦。好在父母都非常重视孩子的读书与学习。他三岁时就能识字，十岁时，便能写出一手好文章。没钱买纸张，他就将文章和诗歌写在墙壁上，写完就擦掉，继续写下一篇。没钱买灯油，他就点燃祭祀祖先神佛的香火，凭借微弱的光刻苦读书。

在古代，油灯、蜡烛跟书籍一样是奢侈品，贫穷人家是买不起的，即使买得起也用不起。为什么呢？消耗太大了。一般油灯、蜡烛使用的是动物油或者植物油，用不了多久就会被消耗光，穷人家炒菜的时候都舍不得放油，何况是用来点灯、点蜡烛？

所以，穷人家基本是"日出而作，日入而息"，白天劳动完，天黑睡大觉，省钱又省力！

凭着刻苦的钻研精神，他成了一个学识广博、精通经史而又脚踏实地的人。广泛读书，是为了拓展知识；研究科举，是为了提升应试技巧。无论外面的环境如何，他都不会受到影响。在聊城东南书院求学之时，正逢天下大乱，农民起义，清兵入关，学生们都懒得用功了，他却坚持不懈。即便李自成率兵围攻聊城，他也依旧淡定地拿着书。众人纷纷摇头，这家伙是在装酷？还是真傻？这种时候读书有什么用？于是问道："贼人都来了，你为何还在读书？不要命了吗？读了又有什么用呢？"

读书人看了一眼对方，淡淡地说："生死有命，想躲也躲不过。如果咱们死不了，难道将来朝廷就不重用读书人了吗？"

众人纷纷点着头，你真牛！

一晃眼，二十岁了，他以第一名的成绩考中了崇祯时代的秀才，成功领到了"奖学金"（官府的廪米津贴）。

明清时期的科举考试每三年举行一次，在参加最低一级的考试——乡试之前，读书人先要通过县试、州试、院试三级考试。童试（一般三年内举行两次），类似于现在的"入学考试"。应试者不管年龄大小都称"童生"，所以有的人到了七十多岁还是童生，并非说他是儿童。

童试合格的人为生员，俗称"秀才"，取得了进入公立学校学习的资格。在学校"毕业考试"（岁试、科试）中成绩优秀的人才能参加正式的科举——乡试。这些学校里的学生（生员）在明朝初年的时候有名额限制，不扩招，数量少，每个人都能领到国家的饭补，因此称为廪（粮仓，或由官府供给的米粮）膳生。但是后来因为科举考试的刺激，通过"入学考试"的人越来越多，学校在原来名额的基础上进行了"扩招"，增加进来的这批人称为"增生"。明朝规定，想要参加科举，必须先进学校。所以，想要入学读书的人越来越多，学校只能继续"扩招"，这样，再进来的一批人称为"附生"。

"扩招"导致了朝廷财政紧张，不可能对每个学生都进行补助，政府只能奖励少数"三好学生"了。那些在学校组织的考试中成绩第一等的秀才，才有资格称为"廪生"，按时领取"餐费补助（廪米津贴）"。

所以，这位读书人的成绩应该是非常不错的。到了顺治二年（1645 年），天下总算安定，新兴的王朝吸取了元朝的教训和明朝的经验，非常重视科举考试，举行了大清第一次正式的科举。

一直埋头苦读的他终于迎来了展示才能的机会，以乡试第八名考取了举人，第二年，又在会试中考上了进士。在紧接着的殿试中，他发挥突出，夺得第一名，成为清朝第一位状元郎。

他的名字叫傅以渐。

这一年，顺治皇帝才八岁。担任翰林院修撰的他顺便也成了皇帝的老师。两人在多尔衮专政时期相互扶持，亦师亦友。多尔衮去世之后，十三岁的顺治亲政，立刻就展现了成熟的政治手腕，力排众议，重用汉族官员，提倡汉族文化。傅以渐很快升任从五品的国史院侍读（陪侍帝王读书论学或为皇子等人授书讲学）。

在满族人的包围中，傅以渐虽然无法高调做事，但他会在力所能及的范围内做些对百姓和文人有益的事情。

看到江南地区盛行"文字狱"，他就借讲课的时机，向皇帝建议取消这种不人道的做法，悄无声息地解救了一大批文人。看到清朝初年，腐败横行，有明朝末年的遗风，他就提议引入"官员绩效考核机制"。皇帝点点头，这个可以有！朝廷将每三年对各地官吏进行考核的规定纳入法律条文。

傅以渐深知明朝灭亡的教训，党派林立，内斗严重，不是你斗我，就是我斗你，每天上演着"宫斗大戏"，最后让别人乘虚而入。智商再高、谋略再好的人，一旦陷入党争，就容易颠倒是非，不分黑白。聪明的他始终做到清廉谨慎，不争不党。吃穿够用就好，争斗越少越好。在出行的时候，他也只是骑着一头心爱的小毛驴。坚决拒绝无效社交，下了班就闭门读书，从不拉帮结派，只与少数志趣相投的人在一起谈论学问和书本。

所以，顺治皇帝极力"点赞"，你就是我要找的人。他不断提拔傅以渐担任重要官职：《清太宗实录》纂修官、秘书院侍讲学士、内国史院大学士、文武殿试读卷官、《圣训》《通鉴全书》总裁官……甚至还让他担任新任庶吉士们的老师。

顺治皇帝喜欢画画，大臣们都以得到他的画为荣。而傅以渐不仅经常得到顺治的亲笔画，还成了顺治的"造型模特"。有一次，他陪皇帝出行，傍晚时分，骑着毛驴回营帐，正好被站在高处的顺治看到。年轻的皇帝惊呆了，想起别的官员上班的交通工具，不是骏马就是大轿，而老师身为国家重臣，每天只骑着小毛驴上下班。顺治既心酸又感动。

夕阳西下，状元骑驴，这不就是最美的画吗？拿笔来！刷刷刷！顺治不仅照着"模特"画了一幅画，还题了一句玩笑诗："状元归去驴如飞（改编自苏轼的'新郎君去马如飞'）。"皇帝亲手将画送给了傅以渐。

既有皇帝的宠信，又有状元的身份，他搭上了官场晋升的直通车。一般人都会兴奋得飘起来，不到五十岁的傅以渐却保持着人间清醒，黄河奔涌的势头过猛，也会冲垮沿岸的堤坝，该是歇一歇的时候了。他上书请求辞职回乡。一来他的身体不好，年少的时候在贫苦的环境中用功读书，伤筋动骨，这时患上了咯血的毛病。他担心自己不能胜任朝廷繁重的工作，总不能一边吐血一边批公文吧？周围的同事会以怎样的目光看我？下属看到有血的公文该是什么表情？二是清初宫中官员成分复杂，既有满人，又有汉人，既有明朝旧臣，又有清朝新贵，难免会产生错综复杂的关系和矛盾。即便洁身自好，时间长了，也难以从容抽身。而且他的受宠已经引起了各方势力尤其是满族大臣们的眼红与嫉妒，接下来，他们就要动歪心思整人了。

迟走不如早走，反正该有的地位、面子都有了，也已经向世人证明了自己的实力，这一趟人间，没白来！

肉包子吃多了，也会撑得慌！回老家，看书，修养，写作！

看到辞职信的皇帝伤心了，老师，您这是什么操作？想要抛弃我吗？顺治亲自安抚，爱卿乃是朕倚重的大臣，一向勤劳廉洁，人品贵重，朕哪里亏待你了？你怎么能如此狠心离我而去？

傅以渐一看，这可如何是好？皇帝要是拿出杀威棒，我还可以力争一下，现在他打出感情牌，正戳中我的软肋啊！唉，算你狠！他赶紧上书，我怎么忍心离开皇上呢？

从此，即便吐血也不轻易下岗。

当时，皇帝正因为科场舞弊案而焦头烂额。顺治十四年（1657年），顺天府乡试放榜以后，考生们闹翻了天。有人揭露考官受贿、举人行贿，这在科举制度施行以来的任何朝代，都属于重大事故。考试关乎国家未来的人才储备，历朝皇帝都在不断地同考场舞弊现象做斗争：严格选拔主考官，推出糊名誊录制、官员亲属别头试、锁院制、搜查复试制等措施。科举经过多年的完善，作弊的可能性不断减小。尤其是在政治清明的时代，皇帝亲自把关，大臣们大都不敢放肆。可是在政治黑暗的年代，没有钱解决不了的事情，可以用钱买通考官，可以寻找"枪手"，各种考场舞弊手段层出不穷，在巨大的利益诱惑之下，总会有人铤而走险。

所以，除了完善制度，英明的皇帝还会举起冰冷屠刀。谁要是在关乎国家人才储备和前途命运的科举考场上徇私舞弊、贪污受贿，将会受到最严厉的惩处。

顺治发飙了，你们以为现在还是昏暗的明朝末年吗？从顺治二年（1645年）开始，大清政府就制定了更加严格的考试制度，确保能够公平公正地录取具有真才实学的人，比如磨勘，就是现在的复查制度，乡试录取人员的试卷也要交到中央，进行复查审核。朝廷一旦发现录取人员的答卷出现严重失误或者以次充好，将会严厉惩处考官和举人。

这次顺天府考试,受贿考官居然明目张胆地在考场翻阅试卷,按照事先做好的标记决定考生的录取名单。查明真相的顺治勃然大怒,杀,杀,杀!对受贿官员、行贿人通通斩首示众,家产全部充公,父母、兄弟、妻、子全部流放。

顺治十五年(1658年)二月,为了重塑朝廷的威信,顺治思来想去,任命德高望重、清正廉洁的傅以渐担任会试主考官。老傅办事让人安心,所以,他不会轻易让这样的人辞职。

可是,傅以渐的身体大不如前,一边吐血一边完成了主考会试的工作,事后,被晋升为武英殿大学士兼兵部尚书。但是,身体的衰弱会摧残一个人的斗志,没过几个月,傅以渐就请病假回老家疗养。他依旧保持低调谨慎的作风,传说他晚年养病期间,从不外出,也不接见当地官员,每天坐在书房里读书写作。

当时,县令出门一般都是前呼后拥,鸣锣开道,闲人回避。每次县令的大轿经过傅家,傅以渐都会离开座位,毕恭毕敬站立。家里人不理解,您老人家这是干啥?县令又看不到您,即便看到您,该站立的也是他啊!傅以渐摇摇头,说道:"县令乃是父母官,我们作为他管辖范围内的百姓,上下尊卑还是要的。"

这件事大概率只是传说,却很符合傅以渐的性格,始终不骄不躁,低调行事。所以,在他去世以后,康熙为他亲笔题写了一副对联:"传胪姓名无双士,开代文章第一家。" 横批:"圣朝元老。"又赠送"忠朴清慎,文行端良"八个大字,算是对这位大清第一位状元的高度评价。

啃着馒头上考场

康熙三十六年（1697 年），紧张的殿试考场，全国顶尖考霸们坐在宫殿里，正在奋笔疾书，即将迎来自己人生的高光时刻。当别人纷纷交卷之时，一个考生正在以惊人的速度啃着带来的三十六个实实在在的大馒头（馎馎）。古代科举考试不像现在的高考，时间最短的殿试也得一天，而中途又不让出来，所以吃饭只能在考场解决。

紧张的氛围加剧了他的饥饿，先啃几个馒头压压惊。他自小就不是那种七步作诗的神童，智商一般般，只是比同龄人成熟一些，考虑问题周到又细致。也正因为如此，他答题写作的速度相当慢。

面对别人交卷离开的脚步声，他又紧张了，一边啃着馒头，一边冥思苦想。监考官们郁闷了，你倒好，啃着馒头不知道饿，我们可还没吃饭呢，于是命令侍卫们前去催促，快点儿交卷，快点儿交卷！

原本就紧张的考生快要哭了，眼看粗暴的侍卫们要收卷，他的眼泪落到大馒头里，不断哀求道："我一辈子的事业都寄托在这次考试上了，还请再给我点儿时间，望各位大哥成全！"

看着没有啃完的冷馒头和泪水在眼眶里打转的考生，侍卫们和考官们都心软了，平民百姓一路过关斩将，能到殿试这个高度，已经难于上青天了。罢了，罢了，给他充足的时间，把题目答完。

考生立即投入紧张的答题之中，到了深夜才将文章写完，同时啃完了三十六个大馒头。这一顿惊掉下巴的操作瞬间成了京城的头条"八卦"。康熙皇帝也知道了，如此刻苦之人，想必有独特之处，他重点批阅了那位考生的答卷。里面对军政、吏治、河防等国家当前存在的问题分析得鞭辟入里，又提出了有效、独到的解决方案。

好，极好！康熙拍案而起，你不是第一谁是第一？新科状元诞生了，江苏徐州考生李蟠的名字轰动京城。啃着馒头上战场，状元奇事众人夸。同榜探花（一甲第三）姜宸英特意为李蟠写了一首搞笑打油诗："望重彭城郡，名高进士科。仪容好绛勃，刀笔似萧何。木下还生子，虫边还出番。一般难学处，三十六饽饽。"

"饽饽状元"的名声瞬间传遍天下，李蟠迎来了人生的巅峰时刻。

然而，一场巨大的危机正悄悄地靠近。

几年以后，李蟠与姜宸英被朝廷任命为顺天府乡试的主考官、副主考官。新官上任三把火，二人决定营造一个公平公正的考试氛围，坚持原则，以才录取，为朝廷挑选出一批优秀的人才，秉公录取了日后成为国家栋梁的鄂尔泰、史贻直、杜讷等人。

虽然明清科举实施了严格糊名与誊录等制度，但是历次考试依然有一些权贵们打招呼作弊，考官们也会对这些人睁一只眼闭一只眼。李蟠与姜宸英一心扑在选拔人才上，油水不进，秉公办事，得罪了那些想要走捷径的人。这些人就鼓动落榜的考生散播谣言，说政府主考官营私舞弊，录取跟自己有关系的人。为了制造轰动效应，落榜考生们还编写了"网络流行"小段子："老姜（姜宸英）全无辣味，小李（李蟠）大有甜头。"

每次科考，落榜的人都会散布一些风言风语，原本区区几个"网络谣言"不至于葬送他们的前途，引爆不了京城各大圈子，可是，一个长期被科举考试"蹂躏"的大才子来了一波"骚操作"，激情下笔，推波助澜，将道听途说、不经证实的"黑幕"写成了戏剧——《通天榜传奇》，发泄种种对科举考场不公的不满，含沙射影地讽刺姜宸英与李蟠。

这部戏的作者就是著名戏剧家、《桃花扇》的作者孔尚任，与洪昇被并称为"南洪北孔"，康熙时期耀眼的文坛巨星。他出生于山东曲阜，号称孔子的六十四代孙，但他运气一直不佳，中了秀才之后，参加乡试始终没能过关，心灰意冷的他跑到石门山隐居，倒腾出名扬天下的《桃花扇》。

考试考不上，只能卖掉田地，凑钱捐了一个国子监生。后来，康熙大帝到曲阜祭祀孔庙的时候，身为孔子后人的孔尚任被人推荐，当起了皇帝"曲阜一日游"的讲解员。因为表现优秀，讲解生动，被皇帝频频"点赞"，这个老导游可以重用。

皇帝一"点赞"，好运自然来！

很快，孔尚任升为国子监博士、户部员外郎，在科举考场上"跑龙套"的一跃成为"大学教授"，实现了人生逆袭。但是，没能正式考中科举，让他内心五味杂陈，即便名扬天下，依旧自卑神伤。难道真的是我能力不行？考场就没有黑幕？考官个个都公正严明吗？

如今京城街头的"八卦头条"让他抓住了机会，该是展现才华、抨击黑暗的时候了。他摇动笔杆子，掏出心窝子，把多年来考场上失败的憋屈写成了大众喜爱的戏曲。大师一出手，便知有没有。一传十，十传百，故事瞬间燃爆街头里巷，皇宫内外。虚构的故事被传成了真实的事件，落榜考生愤愤不平，"吃瓜群众"等着下文，权贵子弟煽风点火。

听到消息的康熙勃然大怒，这两个人胆子也太大了。他下令逮捕李蟠与姜宸英，重新组织考试，结果重新录取的名单跟之前的榜单并没有多大的不同，上面都是一些真才实学的人。案子弄清了，民愤却未平静，谣言被传千次，也变成了真理。《通天榜传奇》已经把这次科举考试的名声弄臭了，把朝廷的脸面弄丢了。总要有人为此事负责吧？皇帝不可能，官府不可能，看来只有两个悲催的小年轻了。对不起了，在皇帝权威面前，个人荣辱、是非曲直不值一提，你们先天下之忧而忧吧！

一时间，李姜二人执手相看泪眼，竟无语凝噎。一心干事，怎么如今百口莫辩了呢？姜宸英想不开，死在了狱中。"饽饽状元"被流放边关，戏曲大卖的好事者孔尚任也被康熙重点训导：身为大臣，无故讽刺同僚，讽刺朝政，即便李蟠有罪，也应由刑部审理，而不是由你诱导舆论，煽风点火。哪儿来回哪儿去吧！

好不容易混进中央的老孔被罢了官。

身处冰天雪地的李蟠心比外面的天气还冷，帝王，呵呵！朝廷，呵呵！我为他们一心选拔人才，他们却一心置我于死地。窦娥也没我冤吧？想当年，我啃着冷馒头，为国家出谋划策，为前途奋笔疾书，可最后换来了什么？可笑，可笑，真可笑！

他恨透了政治，恨透了官场。

好在他曾经选拔的那些人成了朝廷的精英分子，在鄂尔泰等人的恳求下，朝廷下令免去了李蟠的"罪过"，让他回到故乡徐州。

少小离家老大回，忙于名利很后悔。李蟠大彻大悟，生亦何欢，死亦何苦？人生在世须尽欢。他每天吟诗作赋，苦练书法。踏雪寻梅，写两句："空山多伴已多年，独有寒梅伴我妍"，梅花作伴，潇潇洒洒；白燕飞来，吟两句："历尽红尘惊独白，冰操不改玉为依"，历尽磨难，不改初心。

孤独终老又何妨？终生平民又如何？永远的"饽饽状元"，独一无二的选择。

康熙南巡之时，想起了才华横溢的状元郎，准备重新起用他。可是，李蟠早已无心仕途，寄情山水，再不踏进官场，在老家安安静静地活到了七十四岁的高龄。

别人读书是为了做官，他做官是为了读书

清朝建立多年，但是还有不少遗老遗少、奇才大儒不愿意参加科举考试，服务新朝。康熙大帝陷入了沉思：举起屠刀？能快速震慑普通老百姓，对讲究气节的真正大儒，却没多大用处，反而会成就他们的美名。送去官帽？直接给，那些有思想的读书人未必肯接受，因为他们内心都很傲，不吃嗟来之食。

那就来一次"新年礼包免费大派送"，干货满满，奖励多多。

唐宋时期经常举行的制举考试进入了康熙的视野。皇帝可以临时下诏，立个名目，考中的人立即给予面子和位子。自从明朝完善了科举制度，进士科考试几乎成了唯一的做官渠道，制举科考试逐渐衰落，被人遗忘。

圣君做事，不循常理。

康熙十八年（1679 年），朝廷下令开设临时性的制举——博学宏词科考试，催促各地官员大力举荐学识渊博、诗赋出众、影响巨大的学者、大儒等人积极参加。这些人很多不愿意跟清朝合

作，不太可能去参加大清的科举考试。一来有的人自尊心作祟，在明朝已经考中过科举，不想跟新政府合作；二来有的人年纪大了，折腾不动，没有精力参加层层选拔考试。

但这些人粉丝众多、见解独到，极具品牌效应和推广价值。如果能把他们拉拢过来，肯定能够带动广大读书人忠心服务大清王朝，出谋划策，稳定人心。

"全民偶像"都愿意跟着清政府混饭吃了，我们又有什么理由不去为大清服务呢？

制举一出，天下震动。因为不论是谁，出身如何，不论以前做过什么，都可以参加。皇帝亲自出题，亲自参与批卷，考中的人立即进入翰林院，前途远大。如果按照科举的正常程序，能直接进入翰林院的，只有状元、榜眼和探花。

明清科举最高一级的考试——殿试，按照考生的成绩进行排名，一甲（一等）三个人，分别是状元、榜眼、探花，状元直接担任翰林院修撰，榜眼、探花担任翰林院编修。主要职责是修修历史、上上课、记记皇帝言行以及起草公文等。翰林院是皇帝的秘书机构，一旦哪天被皇帝赏识，直接进入中央机构，成为宰相也不是梦。

二甲（二等）、三甲（三等）的考生想要进入翰林院，留在皇帝身边，还得参加竞争激烈的朝考（选拔庶吉士的考试）。通过考试并擅长文学书法的人可以担任庶吉士，相当于翰林院的实习生。但这个实习生可不同于一般的实习生，直接服务于"终极大老板"，负责起草诏书，为皇帝讲解经典名著等。只要有才能，很容易获得皇帝的赏识。有很多庶吉士成了风云人物，比如张居正、曾国藩、蔡元培，等等。

通过不了朝考的进士，也可以担任中央各部门里的基层小官员（主事）、地方上的知县等官职。

明清两朝有个不成文的规定："非进士不入翰林，非翰林不入内阁。"没有担任过翰林院实习生的人，就没有资格进入核心权力部门，宰相等高级官员必须从翰林院人才中选拔。

此次博学宏词科的制举考试不用经过层层"地狱"般的考试，只要考中，直接进入翰林院，做官的起点很高。而且，这种考试的难度相比较唐宋，已经大大降低。只要学问好，考试走过场，考一次就能得到新科进士们的待遇，所以吸引了不少人参加。

在巨大的诱惑面前，读书人的心态发生了变化。

有的大儒冷眼旁观，比如名扬天下的顾炎武、吕留良等人，誓死不从。给我们宰相也不去，爷们儿就是有个性。与黄宗羲、孙奇逢并称为"海内三大鸿儒"的李颙干脆装病不去，被当地官府催得受不了，居然拔刀自残，再逼我，我就死给你们看！

大部分学者则积极应试，这么好的机会，可遇而不可求。在顺治时代就考中进士的汤斌，之前做过清朝的官员，曾拜孙奇逢为师，与顾炎武、黄宗羲等学者一起研读过宋明理学，一听说朝廷举行博学宏词科考试，他立即前往参加。

有一个人陷入了思想矛盾的挣扎中。去还是不去呢？他虽然出生在明朝，可是从没感受过大明的温暖。崇祯十四年（1641年），浙江大旱，蝗虫肆虐，身处嘉兴的他们一家连米都没得吃，差点儿饿死。清兵入关，战乱频繁，在老师的建议下，他抛弃八股文，学习《左传》《楚辞》，成为一代鸿儒。他虽然和反清人士顾炎武等人有过不少交往，但是和朝廷官员曹溶、明珠的儿子纳兰性德等人也有很深的交情，或多或少还受过他们经济上的"精准扶贫"。他和大清有着扯不断、理还乱的关系。

他只是一介布衣，无任何头衔，可是论学问，不输任何当世鸿儒，经史子集无一不通；论才华，他引领清朝词坛，开创"浙西词派"；论诗歌，他与王士禛同时驰名诗坛。他要去参加考试，必定前途无量。

但是，他又很担忧。世人会怎么看我呢？为了荣华富贵抛弃名节？为了官场前途舍弃大义？可是，什么是名节和大义呢？有个稳定的工作，总比我到处蹭饭吃要好吧？老婆孩子跟着我没过上一天好日子，总不能天天指望着朋友扶贫吧？人家顾炎武出身名门望族，不愁吃喝；吕留良家族世代在大明为官，是个坚定的反清分子。汤斌的母亲死在了李自成的刀下，他对大清有好感。

如果让我参加科举考试，我一没钱折腾，二没精力坚持。而参加博学宏词科考试，一次性解决贫困问题和就业难题，也不错！

唉，我还是去吧！如果能顺利进入翰林院，那里有全国各地、历朝历代的珍贵书籍，让我饱读几天也好啊！谁让我是书痴呢？无奈钱袋比我老脸还干净，想读好书又没钱。

去，我去！

朱彝尊不再犹豫，有饭吃，有书读，就很好！他来到京城，参加了考试。题目是一首诗歌《省耕诗五言排律二十韵》和一篇辞赋《璇玑玉衡赋》并序。康熙在来自全国各地的一百四十三位博学鸿儒中录取了五十个人，全部放进翰林院。

朱彝尊与李因笃、严绳孙、潘耒同以普通老百姓（布衣）的身份成功入围，时称"四大布衣"，担任翰林院检讨，参与修撰《明史》。这次考试获得第一名的就是汤斌，他被授予翰林院侍讲，担任《明史》总裁官，从此走上了官场晋升快速通道，从巡抚做到了工部尚书。他一生清正廉明，用自己的方式为老百姓谋福利，深受康熙的信任。

朱彝尊也受到了康熙的特别恩宠，担任日讲起居注官（给皇帝上课）、江南乡试副考官、殿试读卷官、江南乡试主考等职务，还给康熙当起了"助理"（南书房行走），时不时能得到皇帝赏赐的小玩意儿、小点心。在翰林院里和皇帝身边，朱彝尊看到了大半辈子都见不到的珍贵图书。我要张开大口，把你们都吞掉！

哈哈……梦醒了，他抹着嘴边的口水，心里拔凉，看完的书又不能带回家，好像到嘴的糖果刚舔了一口，就被人抢走了。不甘心，那就抄！没有复印机，就用手抄！可他一把年纪，抄写速度太慢。干脆雇人偷偷进来抄！他以奉旨编辑《瀛洲道古录》为名，暗地带了一个善写楷书的高手——王纶，进入皇宫，抄写各个地方进献来的珍贵图书。"抄书高手"的速度的确不一般，堪称超级打字机，抄完一本迅速还回去一本。看着越来越多的手抄本，朱彝尊好像吃了大补丸，脸上泛着红光，眼里饱含热泪，宝贝们，你们再也别想离开我。

可惜，他的行为被翰林院主管牛钮发现了，好你个朱彝尊，竟然吃里爬外，偷偷抄书。那些通过层层科举考试才好不容易进入翰林院的"正规军"，早就对博学宏词科的"游击队"不满了，平时就暗地称他们为"野翰林"。他们不就是读了几本书，赶上了好时代吗？跟这样的人平起平坐，那我们还辛苦考试干什么？

一时间，群起而攻之。牛钮为"主攻手"，率先弹劾。康熙也怒了，没规矩，朕的书怎能由你私自抄录？

朱彝尊被罢了官。文人们听到消息后，都称之为"美贬"。为了读书而被贬，心情也是美美的，名声也是美美的，一切都是美美的！

朱彝尊的内心也的确有点儿美美的，该看的书我都看到了，现在轮到我上场写书了。他在京城的住宅里完成了《日下旧闻》（关于北京城风土人情的书籍，类似于现在的地方志）。因为这个宅子的院里有两棵紫藤树，他就将宅子取名为"古藤书屋"。过了几年，康熙想想读书之人嗜书如命，也很正常，就恢复了朱彝尊的官职。也许是厌倦了官场，也许是找到了人生目标，朱彝尊很快辞职回了老家嘉兴，建起了一座藏书楼——曝书亭，收藏了八万多册图书。

　　他在这里读书、藏书、写作、讲学，日子过得清贫却快乐，连续完成《经义考》《曝书亭集》《曝书亭词》《明诗综》《词综》等一系列历史、文学等方面的重量级著作，成了清朝有名的词人、学者、藏书家。

最牛的复读生

　　他生于康熙年间，爷爷曾任山西学政，爸爸名闻乡里，只可惜死得过早，家道中落。年幼的他没机会享受前代人留下的财产，却继承了祖辈们读书的强大基因。母亲也是女中豪杰，每天教他读书认字，不断督促他学习。

　　很快，他成了典型的学霸，不仅文章写得好，书法也一流。

　　经过两次科举的摧残，三十岁的他摸清了考试的门道和技巧，以江苏省第一名的成绩考中了乡试。他的母亲下达重要指示，省里第一名只是起点，全国第一名才是终点。

　　有目标就有了动力，他继续拼命苦读。适逢康熙去世，雍正继位，新皇帝为了笼络天下的读书人，特意在第一年设立了恩科（科举考试一般三年一次，皇帝根据需要可以临时举行一次，相当于临时加一场全国大考，这是对读书人的恩惠。就是告诉你，不用等三年了，马上就可以考，考中之后与科举出身的待遇相同）。

　　得知消息的年轻人来到了京城，顺利考中会试，在随后的殿试里被皇帝选中，成为雍正朝的第一位状元。

他的名字叫于振。

皇帝亲自阅卷，亲自点名，亲自调教。考试结束后，于振就进了翰林院。雍正特意让他入值南书房，跟天子近距离接触。为了锻炼于振，雍正外派他到河南担任乡试考官，有了基层经验，又调他编修《子史精华》，还赐给他一座澄怀园。他在高房价的京城有了一座皇帝特赐的私人别墅，让周围的人羡慕得红了眼。

这还不够，于振集万千宠爱于一身，编修完史书后，又被提拔为湖北学政，升职的速度堪称搭载了火箭。

一切来得太快、太容易，未必是好事。官场的小船说翻就翻。

于振在一次独立主持乡试的时候，考虑到自己参加乡试也失败过两次，感慨考试难度太大，大家都不容易嘛！就自作主张多录取了两个举人。朝廷为了平衡各省的考试录取率，录取名额有明确的规定，谁都不能私自改动，否则每个省都擅自增加名额，天下岂不乱了套？当年朱元璋就是因为"南北科举案"而大开杀戒。

雍正火冒三丈，这小子想干什么？他是皇帝还是我是皇帝？有没有规矩意识？有没有收受贿赂？朕钦点的人才就如此草率做事吗？他立刻派出调查小组，上上下下查了个遍，还好于振没有贪污受贿、徇私舞弊，否则定会人头落地。他只被革去了官职及功名，成了普通老百姓。

这下好了，官职没了，状元头衔也没了，连进入官场的资格证都没了。不幸的事情一件接一件。他年迈好强的母亲受不了刺激，一命呜呼！树倒猢狲散，墙倒众人推，家中的七大姑八大姨全都责怪他年轻草率，朋友、同学纷纷嘲笑他不懂生存之道。

我懂不懂生存之道，关你们什么事？可落水狗是没人同情的！他看清了人情世故，决心为母亲守孝，闭门不见客。大家都以为他堕落了，没用了。他却躲在房间里刻苦复读，一边研究学问，一边准备以普通人的身份重新考试。

什么都没了，我还有脑袋。

皇帝只是革去他的功名，没说不准他参加考试啊。只要是人，都能考试，这就是科举的公平之处。他又从秀才考到了举人，本来就是考霸，重新出山，依然很强悍。他凭借出色的文章与秀丽的书法，一路过关斩将。最后要到京城参加考试之时，他犹豫了，雍正爷会原谅我吗？万一被发现我又来考试，我会不会死得很惨？

命运向勤奋坚持的人打开了另外一扇窗。雍正突然驾崩，乾隆接手了皇帝工作。新朝新气象，老人新办法。乾隆第一年也特设恩科，这一年，于振快五十岁了。

恩科之外，乾隆又学爷爷康熙的办法，特设一次博学鸿词科（"鸿"本作"宏"，因近似清高宗乾隆名"弘历"而改）考试。户部尚书史贻跟于振关系不错，推荐他参加这个考试。因为即便他重新参加会试、殿试，也不可能成为状元，这不打雍正爷的脸吗？

于振参加了博学鸿词科的考试，成绩位列一等，重新被授予翰林院编修，折腾大半生，又回到了当初的起点。人家是赢在起跑线上，他却赢在了终点线上。

人生的无常让他成熟了。

乾隆派他出任江西乡试的主考官，他小心谨慎而又出色地完成了任务，又被任命为福建学政。他秉公选人，奖励提拔那些真才实学的考生，被文人们大力称赞。最后，他凭借渊博的学识与出色的才华成为皇帝的老师（侍读，陪侍帝王读书论学或为皇子等授书讲学）。

经历过人生大起大落的于振抬头干好工作的同时，又埋头做好学问，留下不少文学和书法作品。

最后，他在平静中安然离世。经历过痛苦曲折的前半生，还能拍拍身上的灰尘，重新出发，从头再来。一把年纪的于振，又和年轻人站在同一条起跑线上，通过复读和考试拿回了属于自己的尊严。

最后一位考场“大牛”

嘉庆二十五年（1820年）春天，有个来自广西的年轻人得知自己在会试中拿了第一名，还没来得及兴奋与庆祝，就感觉一阵天昏地暗，脑袋瓜犹如孩子们玩的陀螺，快速旋转，不知东西。从炎热的广西来到寒冷的京城，一时无法适应这里的环境与气候，吃饭吃不好，睡觉睡不香。连续三场考试下来，正常人都得脱层皮，何况他这几天还不太舒服呢！

“嘿，陈兄，陈兄……”一同参加会试的同乡考生扶住了快要倒下去的年轻人，将他搀回了旅馆。

年轻人仿佛得了软骨病，浑身无力。看着同伴们忙着温习，认真准备接下来的殿试，他的心情更加郁闷。大家都劝他好好休息，等待下一次的考试，不能把小命搭进去啊！

他挣扎着坐起来，不甘心，不想退，下一次殿试又要三年，而且以后补考是不允许进入前三名的。他已经连续获得了乡试第一名、会试第一名，如果能拿下殿试第一名，那将是三元及第，读书人的最高荣誉。自从隋唐科举实行以来，上千年之中，也就只有十几个人获此殊荣。我要是能参加殿试，说不定就能成为他们中的一员呢？

唉，可是这身体……

好在家里经济条件还不错，年轻人找来了一个大夫，开了一些补品。

"要不带上这根老人参？恢复元气很有用哦！"大夫向他推荐了店里的"奢侈品"。

"嗯，嗯，那就拿一根吧！"年轻人摸摸口袋，还有点儿钱，姑且一试，总比坐在这里唉声叹气强吧？

他买了一根老人参，当作考场"兴奋剂"，当年李蟠啃大馒头，今天我啃老人参。不管了，他穿起大棉袄，打了个喷嚏，走起！那感觉真是"风萧萧兮易水寒，壮士一去兮不复还"。即便步履蹒跚，也得坚守最后一战。

考场上，他一边擦虚汗，一边嚼人参。咬着牙，集中精力答题，好在殿试只要一天时间，他用尽全力写完了策论，在多数人交卷之后，他也上交了自己还算满意的答卷。走出考场，他的两腿好像被抽光了力气，哎呀，扛不住了！眼前一片漆黑，瞬间瘫倒在地上，身边的人赶紧将他背到了临时住宿点。

他躺在床上，一时失去了意识，呼呼大睡。他太累了。

众人都被他的精神折服，这家伙太能扛了！

殿试阅卷也采用弥封糊名制度，三天之后，读卷官将前十名的答卷进呈给皇帝，当着皇帝的面拆封考生的姓名栏，由皇帝决定最终的名次等级。那个年轻人的答卷排在第二名。

嘉庆一看，陈继昌！这不是连续夺得乡试第一、会试第一的牛人吗？一旁的大学士也劝道："本朝以来，只出现一个三元及第的钱棨，不如干脆也给他第一名，显示新朝新气象，长江后浪推前浪！"嘉庆点点头，这个可以有！他翻开陈继昌的答卷，脸上露出了笑容，这水平，这见解，不比第一名差嘛！于是，他大笔一挥，钦点陈继昌为第一名。

陈继昌成为中国科举史上最后一位"三元及第"的牛人。

一时间，京城从上到下，各个地方，纷纷发来"贺电"。嘉庆皇帝亲自题诗，陈继昌妻子的叔叔、当朝侍郎李宗瀚也赠诗三首，两广总督阮元除了赋诗，还在广西贡院的端礼门上建了一座"三元及第坊"。父老乡亲们更是以闪电般的速度"制造"出各种属于"三元"牛人的传说。当地有个洞穴里倒塌的石柱又重新竖起，支撑住了地面，有人就编了"石笋连、出状元"的谚语；当时广西贡院（当地考生参加乡试的地方）刚刚翻修完毕，就发生了神奇的事件……什么神奇就编什么，一传十，十传百，越来越邪乎，越来越离谱。

其中流传最广的传说就是陈继昌曾经用对联救人的故事。

说在进京赶考的路上，陈继昌来到一条河边的大树下休息。忽然，他看到一个年轻的书生想要跳河自杀，急忙跑过去抱住对方的腰，问道："这位兄台，你为什么要轻生呢？有什么想不开的啊？"

书生泪眼蒙眬，满脸涨红，一屁股坐在河边，唉声叹气，说起了事情的原委。

原来，他也是进京赶考的举人，刚才在这里休息的时候，碰到两个挑夫。他们笑着跟书生打赌说："看你好像才华出众，我们出个对联考考你如何？如果你能对出下联，我们就抬着你走，如果你对不出，就给我们挑担子，怎么样？"

书生不服气了，我还能输给你们两个大老粗，请出上联。

挑夫说道："人轻担重轻挑重。"书生的脑子瞬间"短路"了，想了半天，对了几次，都不工整，读书人的面子都丢到河里去了。挑夫嘲笑道："连对子都对不好，我看你还是回家多读几年书吧！哈哈，我们可没时间等你想了，走喽！"

书生陷入了自我否定的无限循环之中，我咋这么无能？还考什么考啊？看着挑夫远去的背影，他越想越伤心，干脆一死了之。

陈继昌一听，嘿，对个对联有何难？立即说出了下联："脚短路长短短走长。"

"好工整啊！兄台，您是何方神圣？怎么做到的呢？"书生一脸崇拜地看着陈继昌，人与人的差别咋就这么大呢？

"哪里是什么神圣！不过多读书、多思考罢了。你只是一时紧张，脑子发蒙，才输给两个挑夫。兄台，只要肯努力，总有出头时，干吗自杀呢？"

听了陈继昌的话，书生恍然大悟。我怎么因为别人的一句话而陷入精神内耗了呢？嘿，十年寒窗，还没尝试一下，怎么能轻易放弃呢？于是，他和陈继昌结伴而行，进京赶考。

明清科举考试的八股文，具有一整套严格的固定格式（结构、句数、句型等），由破题（说明题目的意义，类似于现在中高考作文中的点题）、承题（承上启下的句子）、起讲（概括全文，开始议论）、入题（过渡句，引入文章主体部分）、起股、出题、中股、后股、束股、落下（也叫收结或大结）等十个部分组成（《中国历史大辞典》上海辞书出版社，2007年8月第1版），在具体的考试中可以根据情况删减，六个部分、八个部分、九个部分都可以。其中，起股、中股、后股、束股四个段落，又各自分为出股和对股（一个段落里分成两个小段落，有点儿类似对联里的上联和下联），总共有八股（文章精华在这里，能否考中全靠它），所以称为八股文。两股（两个分段落）必须采用对偶排比句，所以又叫"八比文"。

我们来看看明朝一位优秀考生（会试第一名）——王鏊的八股文。

　　题目：百姓足，君孰与不足（考场所给的论题是"民既富于下，君自富于上"）。

　　破题：民既富于下，君自富于上（点出文章的中心与主旨，下面的百姓富裕，君王自然富裕）。

　　承题：盖君之富，藏于民者也；民既富矣，君岂有独贫之理哉？有若深言君民一体之意以告哀公（承题，承上启下，不必用对偶句，百姓如果都富裕了，怎么会留下君王独自贫穷呢）。

起讲：盖谓，公之加赋，以用之不足也；欲足其用，盍先足其民乎？诚能百亩而彻，恒存节用爱人之心；什一而征，不为厉民自养之计，则民力所出，不困于征求；民财所有，不尽于聚敛（我开始代孔孟先生讲话了啊！举例：鲁哀公当年加重赋税，后来怎么样了呢？）。

第一股：闾阎之内，乃积乃仓，而所谓仰事俯育者，无忧矣。

第二股：里野之间，如茨如梁，而所谓养生送死者，无憾矣。

出题：百姓既足，君何为而独贫乎？

第三股：（吾知）藏诸闾阎者，君皆得而有之，不必归之府库，而后为吾财也。

第四股：蓄诸田野者，君皆得而用之，不必积之仓廪，而后为吾有也。

第五股：取之无穷，何忧乎有求而不得？

第六股：用之不竭，何患乎有事而无备？

第七股：牺牲粢盛，足以为祭祀之供；玉帛筐筐，足以资朝聘之费。借曰不足，百姓自有以给之也，其孰与不足乎？

第八股：饔飧牢醴，足以供宾客之需；车马器械，足以备征伐之用。借曰不足，百姓自有以应之也，又孰与不足乎？

收结：吁！彻法之立，本以为民，而国用之足，乃由于此，何必加赋以求富哉！

这篇文章从形式和逻辑上来看，极具美感，毫无破绽，只是内容上有点儿老生常谈，孔孟套路。

八股文在句式选择上有一个突出特点：大量使用对偶句、排比句，两两相对，遥相呼应，但也不用像诗歌里那么平仄相对，字面上也可以有重复。总体要求比唐朝的诗赋考试要低一些。

这就是明清的文人们动不动就对对子的原因，一来是为了应试，二来为了显摆。哪个小孩儿会接高难度的对子，就会被称为神童。两个人吵架也可以采用这样的方式：出个对子，对死你！小样，我说上联，看你能否接得住？人们在表现某个名人有才华的时候，也会重点关注他们在对对子方面的故事。在唐朝，没有什么是一首诗歌解决不了的事情；在明清，没有什么是一副对联解决不了的问题。文学与考试就好比一对感情很深的恋人，谁也离不开谁。

其实，陈继昌也是凡人，只不过比普通人更加用功一些罢了。他是广西桂林临桂人，出生于典型的考霸世家，是乾隆时期著名宰相陈宏谋的第五代传人，曾祖、祖父、父亲都是久经考场的高手。

　　陈继昌从小就是个极为理智镇定的人，无论遇到什么事情，都挡不住他对学习的渴望。有一次，陈家遭遇大火，祖先陈宏谋留下来的十间房产被烧得一干二净，家族里的人都沉浸在郁闷悲伤之中，唉声叹气，人心惶惶，是不是我们的好日子到头了？以后可咋办啊？

　　陈继昌不以为然，好日子是把握在自己手中的。他从唐代诗人贾岛的"竹笼拾山果，瓦瓶担石泉"和宋代文豪苏东坡的"瓦池研灶煤，苇管书柿叶"的诗句中各取一句，写成"苇管书柿叶，瓦瓶担石泉"的对联，作为自己的座右铭。即便穷得以苇管（芦苇秆）作笔，以柿叶（柿树叶片）当纸，用瓦罐装水，我也不会改变志向，一定会依靠自己的努力和勤奋考中科举。之前我们以祖先为傲，之后祖先以我为傲。

　　他就是那么自信，就是那么坚持，所以，一路过关斩将，夺得乡试"解元"、会试"会元"、殿试"状元"。在担任三年的翰林院修撰之后，他被外派到地方锻炼。历任乡试典试官、会试同考官、山东兖州知府、直隶保定知府、江西按察使、直隶布政使等一系列职务。他办事公正廉明，深得百姓敬佩。为官多年，才好不容易积累了一些钱，修复了当年被大火烧毁的祖宅。道光皇帝听说后，大力称赞："一身清洁。"

　　在吏部组织对官员政绩考核（察考）的时候，陈继昌被评为第一名，因此他又有了"四元及第"的荣誉称号。

　　朝廷升任他为江苏巡抚。

江南文人们表示不服，一个文化落后的地方广西来的人来到文化发达的江南做官，还是个"省长（巡抚）"，"三元及第"又怎样？咱们这里状元、进士多不胜数，他到底有什么本事和才华呢？也许是瞎猫碰到死耗子，守株等到几只傻兔子。

自负才华的下属们、文人们举止有些轻狂，有的不配合工作，有的投来轻视的目光，有的等着看笑话。陈继昌不动声色，淡定是我的标配。你们江南才子不是很会对对子吗？我就以其人之道还治其人之身。

看本巡抚露一手！

当时正逢苏州的关帝庙落成，地方官员请陈继昌写副对联纪念一下。陈继昌想都没想，当场下笔，用浑厚苍劲的书法题出了豪气冲天的对联："匹马斩颜良，河北英雄皆丧胆；单刀辞鲁肃，江南士子尽低头。"他巧妙地运用了关羽的典故。当年关公单枪匹马，威震南北；如今我老陈也将孤身一人，横扫江南。

江南的才子们读着这副傲视群雄对联，瞬间没了底气，"三元及第"的牛人果然有一手，从此以后，你就是我们的老大！

陈继昌学识渊博，才思敏捷，对对子只是他的小技能。可惜，长期的劳累和饮酒，让他的身体一年不如一年，在巡抚任上还没充分施展本领，就因病辞官，躺在床上三年就去世了。着实有些遗憾！

明清时期，考试成了读书人心目中永恒的主题。很多人屡败屡战，所谓活到老考到老，将一辈子的青春光阴耗费在了考场上，而且大部分人是考不上的。

顺德人黄章从年轻的时候开始，每三年参加一次科举考试，六十多岁才中秀才，九十多岁依然没中举，还在曾孙的搀扶下参加乡试。那颤颤巍巍的步伐比迈尔克·杰克逊的太空步还要令人震撼，瞬间燃爆整个考场，可是命运又跟他开玩笑——没考中。

面对大家的安慰，黄章反而很坦然，说道："我今年九十九岁，还不到科场得意的时候，三年之后，我定会王者归来，拿回属于我的荣耀。"

两广总督与广东巡抚非常敬佩他锲而不舍的精神，特意召见并告诉他，按朝廷规定，年过八十的考生如果落榜，可以恩赏一个举人的名号，不用考试也能拿到"学士学位"。但黄章还挺有骨气，婉言拒绝了，表示三年后再来考，要凭成绩说话。

后来他有没有真的来参加考试，也无人记载了，也许没活过一百岁。

在清朝，很多人都一直考到老，将人生耗费在科举上。但是，特定的时代有特定的现象，那个时候，底层读书人的出路只有科举一条。读书人终日埋头在"四书五经"上，奔走在科举考场中，始终沾沾自喜于老祖宗的那点儿文章。他们根本就不知道，世界上除了科举考试、"四书五经"，还有各种自然科学、地球引力和蒸汽机。

执着是对的，但是方向错了，就会永远在星际中迷航。

唐朝科举考试的科目非常多，读书人的选择也很多，人的思维也就更加灵活。宋朝虽然特别重视进士科，但依然有其他的科目，而且进士科的考试范围也不仅仅局限在"四书五经"里，人的眼界还是开阔的。明朝发扬了宋朝就实行过的糊名制、誊录制、锁院制等公平公正的做法，读书人不需要拼家庭背景，也不需要跑关系找人脉，只要埋头苦读，深入钻研，"草根"也有逆袭的机会。

　　科举考试本身是个非常公平公正、科学有效的人才选拔制度，但是只考"四书五经"，只能写八股文，只能参照朱熹的标准答案，就会把人的眼界与思维束缚在一块小天地里，没了个性与创新。

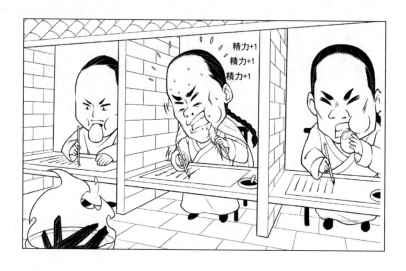

科举制度简史

一、起源

汉文帝二年（公元前178年）、汉文帝十五年（公元前165年）皇帝两次下诏命令各级官员举荐"贤良方正能直言极谏者"，并创造性地制定了笔试环节——策问。汉武帝创立察举制度，分孝廉、秀才（东汉改为茂才）、察廉（廉吏）、光禄四行等多个科目举荐人才，但不用笔试。东汉顺帝阳嘉二年（133年）左雄改革制度，孝廉科开始考试，西晋武帝太康年间，秀才科也纳入考试。隋朝大业三年（607年），隋炀帝诏令分十个科目举荐人才，有了最初的科举制度。

二、发展

唐高祖武德四年（621年）科举开始，开设秀才科、明经科和进士科，武德五年（622年）录取大唐科举第一榜。以后每年举行一次。

唐高宗永徽二年（651年）停罢秀才科，从此以后，进士科和明经科成为考试的两大主要科目。唐高宗永隆二年（681年），原本只考时务策的进士科又增加了帖经、杂文两个考试项目，杂文中的诗赋题渐渐受到关注。

唐玄宗开元二十五年（737年），原来由吏部考功司主持的省试改由礼部主持，从而称为"礼部试"，成为固定的制度。进士科考试越来越热门，天宝年间以后，诗赋题逐渐成为进士科考试重点，直接刺激了文人创作诗歌的积极性，唐诗进入鼎盛时期。

北宋太祖开宝六年（973年）设立殿试制度，皇帝亲自把好考试的最后一道关口，从此考生成了天子门生，科举考试也分成乡试、会试和殿试三级。

宋太宗淳化三年（992年），考试实行糊名制，答卷上看不到考生的姓名和籍贯了。

宋真宗大中祥符元年（1008年），糊名法在省试中开始实行。

宋真宗大中祥符八年（1015年），朝廷建立誊录制度，答卷上看不出考生的笔迹。糊名制、誊录制让科举考试变得更加公平公正，考生们再也不用提前跑关系行卷了。

宋英宗治平三年（1066年），科举考试改为每三年一次，成为定制。

宋神宗熙宁四年（1071年），王安石对科举考试进行了大刀阔斧的改革。他认为诗赋与明经不能考查人的实际才能。进士科不考诗赋、帖经、墨义，总共考四场：第一场试大经义三道，从儒家经典《礼记》《左传》当中出题，论语大义一道（关于儒家经典的论述题，阐释下儒家课本的含义）；第二场试中经义三道，从《毛诗》《仪礼》《周礼》当中出题，《孟子》义一道；第三场试论（类似于议论文）一道；第四场试时务策（类似于申论，除了议论，还得提出建议）两道。

这样的考试题目算是明清八股文的前身。因为考虑到进士科考试当中已经有儒家经典的内容，明经等科目的考试就被废除了。但是，王安石的各项改革后来都被反对派推翻，科举也恢复到了以前。

到了宋哲宗时期，明经等其他科目并入了进士科。从此以后，唐宋时期盛行的明经等各个小众科目的考试基本没有了，进士科几乎成了唯一的考试科目。

到了南宋，为了照顾多方面的人才，进士科考试分为经义和诗赋两科考试，你喜欢并熟读儒家经典的，可以参加经义考试；你喜欢创作并有才华的，可以参加诗赋考试。考中的都称为进士。

元朝皇庆二年（1313年）十一月，元仁宗决定恢复长期停罢的科举，颁布《行科举诏》，形式基本沿用宋朝的制度，分为乡试、会试和殿试。考试的题目只能从《大学》《论语》《孟子》《中庸》里出，并且以朱熹《四书章句集注》作为衡量考试成绩好坏的标准，从此，程朱理学占据了科举考试的主导地位。元仁宗延祐元年（1314年）十二月，元仁宗任命李孟担任知贡举，主持了元朝建立以来的第一次正式的科举考试。

三、鼎盛

洪武三年（1370年），朱元璋诏开科举，分为童试、院试、乡试、会试、殿试五级，童试、院试通过者为秀才，乡试通过者为举人，会试通过者为贡士，殿试通过者为进士。考试的内容仿照元代，主要是以程朱注释为准的"四书"和"五经"。总共考三场。但是不久，朱元璋觉得科举选不出来实用的人才，又停罢科举。

洪武十七年（1384年），朱元璋恢复科举制度，正式公布《科举成式》，对科举考试内容、形式、出题、批卷、录取等各个环节进行全方位规定。据《明史·选举制》记载，"定科举之式，命礼部颁行各省，后遂以为永制"。

明宪宗成化年间，"八股文"正式形成。文章由破题、承题、起讲、入题、起股、出题、中股、后股、束股、落下等十个部分组成。其中，起股、中股、后股、束股四个段落，又各自分为出股和对股，总共有八股，所有称为"八股文"。

四、没落

清朝沿用明朝的科举考试制度，比之前的规定更加严格，成为一个层次、等级、条规、名目繁多苛严，束缚人性的庞大体系。清德宗光绪二十七年（1901年），朝廷废除八股文。

清德宗光绪三十一年（1905年），科举制度被废除。

参考资料：

1. 徐松撰，孟二冬补正．登科记考补正．中华书局，2019 年 8 月第 1 版

2. 傅璇琮．唐代科举与文学．中华书局，2020 年 6 月第 1 版

3. 关鹏飞译注．唐才子传（中华经典名著全本全注全译丛书）．中华书局，2020 年 7 月第 1 版

4. 刘昫．旧唐书．中华书局，1975 年 5 月第 1 版

5. 欧阳修、宋祁．新唐书．中华书局，1975 年 2 月第 1 版

6. 程千帆．唐代进士行卷与文学．北京出版社，2020 年 6 月第 1 版

7. 李肇撰，聂清风校注．唐国史补校注．中华书局，2021 年 4 月第 1 版

8. 房列曙．中国历史上的人才选拔制度．人民出版社，2005 年 7 月第 1 版

9. 孙光宪撰，林青、贺军平校注．北梦琐言．三秦出版社，

2003年1月第1版

10.梁庚尧.宋代科举社会.东方出版中心,2021年1月第1版

11.沈约.宋书(点校本二十四史修订本全8册).中华书局,2018年05月第1版

12.脱脱.宋史.中华书局,1985年6月第1版

13.郑天挺等主编.中国历史大辞典.上海辞书出版社,2007年8月第1版

14.盛奇秀.中国古代考试制度.山东教育出版社,1988年4月第1版

15.李兵,刘海峰.科举——不只是考试.上海教育出版社,2018年4月第1版

16.君玉离,赵玉编著.宋史.浙江工商大学出版社,2022年5月第1版

17.张廷玉等.明史.中华书局,1974年4月第1版

18.刘海峰等.中国考试发展史.华中师范大学出版社,2002年6月第1版

19.[日]宫崎市定.科举.浙江大学出版社,2018年12月第1版

20.赵尔巽等.清史稿(简体横排本平装全12册).中华书局,2020年8月第1版

21.章中如.清代考试制度资料.山西人民出版社,2014年

12 月第 1 版

22.余来明.元明科举与文学考论.武汉大学出版社，2015年12月第1版

23.李尚英.科举史话.社会科举文献出版社，2011年5月第1版